ARMORIAL GÉNÉRAL

DE

L'ANJOU

D'APRÈS

LES TITRES ET LES MANUSCRITS DE LA BIBLIOTHÈQUE NATIONALE,
ET DES BIBLIOTHÈQUES D'ANGERS, D'ORLÉANS, ETC.
LES MONUMENTS ANCIENS,
LES TABLEAUX, LES TOMBEAUX, LES VITRAUX, LES SCEAUX,
LES MÉDAILLES, LES ARCHIVES, ETC.

PAR

M. Joseph DENAIS

OFFICIER D'ACADÉMIE,
Chevalier de l'ordre pontifical de Saint-Grégoire-le-Grand,
Membre de la Commission Archéologique de Maine-et-Loire, de la Société des Antiquaires de l'Ouest,
des Antiquaires de Normandie, des Sociétés historiques et archéologiques du Maine,
de Touraine, du Limousin, etc.
Membre de l'Académie Royale Héraldique italienne.

———————

ONZIÈME FASCICULE

ANGERS

GERMAIN ET G. GRASSIN, IMPRIMEURS-LIBRAIRES

RUE SAINT-LAUD.

1881

L'auteur de l'Armorial *voudrait avant tout faire une œuvre conscienciense*, *exempte*, *s'il était possible*, *d'omissions et d'erreurs*. *Il s'adresse à toutes les familles qui ont le droit de voir figurer leur nom dans cette publication*, *à tous les amis de l'histoire et de l'archéologie de notre province*, *les priant instamment de lui envoyer le plus tôt possible les renseignements*, — *et*, *s'il y a lieu*, *les rectifications*, — *qu'ils pourraient lui fournir et qu'il recevra toujours avec gratitude.*

J. D

IMPRIMERIE-LIBRAIRIE GERMAIN & G. GRASSIN

RUE SAINT-LAUD, ANGERS.

ÉMIGRATION ET CHOUANNERIE

MÉMOIRES

DU GÉNÉRAL BERNARD DE LA FRÉGEOLIÈRE

Complétés par son arrière-petit-fils.

Gardes du corps. — Armée des princes. — Campagne de 1793. — Retraite de Hollande. — Quiberon. — Armées catholiques et royales de l'Ouest, 1796, 1799. — 1813. — Cent-Jours. — 1832.

1 beau volume in-8° numéroté, parpier satiné, avec portrait, 8 fr.

1 beau volume in-8° numéroté, papier de Hollande (tirage à petit nombre), avec portrait, 20 fr.

M le vicomte Reynold de Bernard de la Frégeolière vient d'ajouter un volume à la collection déjà nombreuse, sans être complète encore, des ouvrages sur l'émigration et la chouannerie. Ce volume, que tant d'autres ont précédé, ne fait cependant double emploi avec aucun. Il a son cachet personnel et contient sur divers points des renseignements nouveaux et intéressants. C'est que nous avons là non pas l'œuvre d'un écrivain reprenant à son point de vue un sujet déjà traité, mais les récits d'un témoin qui, sans rien changer aux grandes lignes de l'histoire, rapporte des traits particuliers et des détails ignorés ou oubliés qui la font mieux connaître. Ce témoin, c'est le général Bernard de la Frégeolière, dont son arrière-petits-fils nous donne les Mémoires.

Nous félicitons M. Reynold de la Frégeolière non seulement d'avoir publié les mémoires de son bisaïeul, mais aussi du grand soin avec lequel cette publication est faite. Nous ne parlons pas ici de la piété filiale qui a voulu une belle et riche impression, un papier de choix, une gravure de maître; nous parlons de notes nombreuses, sobres et fermes, qui montrent une connaissance approfondie des sujets que touchent les *Mémoires*. M. de la Frégeolière a tout lu, tout contrôlé, afin que la justice qu'il rendait à l'héroïque soldat, au solide chrétien dont il est si justement fier de porter le nom, ne fût pour personne une injustice. On ne pourra plus écrire sur l'émigration et sur les guerres de l'Ouest sans consulter ce volume, et nous défions qu'on le consulte sans le lire tout entier. Si je l'avais eu lorsque j'ai résumé, il y a une trentaine d'années, les luttes vendéennes et bretonnes contre la Révolution, j'en aurais tiré grand profit.

Ce livre, que nous signalons aujourd'hui en nous réservant d'y revenir, n'instruit pas seulement sur les faits qu'il rapporte ; il montre, sans y prétendre, sans y songer, combien un homme de cœur qui en toute situation eût fait son devoir, le fait plus grandement quand il a des convictions chrétiennes et de fermes principes politiques. « Vivre et mourir pour Dieu et les Bourbons, » telle était la devise du général de Bernard de la Frégeolière, et elle a réglé toute sa vie. Voici comment il la commentait en 1830, lorsqu'il vit tomber Charles X : « Restons fermes dans nos principes ; nous renaîtrons encore, non par la force des baïonnettes, mais par la volonté de Celui qui punit et récompense. Disons donc : Que la volonté de Dieu soit faite ! »

Ces sentiments remplissent les Mémoires et nous les retrouvons dans les pages qui les complètent. On va les reconnaître dans la dédicace que M. Reynold de Bernard de la Frégeolière, un des onze de son nom qui furent sous les drapeaux en 1870, a placée en tête du volume. Cet accent élevé, vibrant, chevaleresque, tout imprégné de l'amour de Dieu, de la Patrie et du Roi, c'est l'accent de famille.....

Eugène VEUILLOT.

(L'Univers)

Henri Bernard de la Frégeolière est né en Anjou, à la Sionnière. On peut dire de lui, en toute vérité, qu'il ne manqua jamais une occasion de se battre pour le Roi. Garde du corps de Louis XVI, licencié après le 6 octobre, il va rejoindre l'armée des Princes ; il fait la campagne de 1792, celle de 1793 ; l'année suivante nous le retrouvons en Hollande, aux hussards de Rohan ; de cavalier il devient marin, « le feu à bord, trois tempêtes, un combat naval dont les émigrés sont l'enjeu, le désastre de Quiberon, enfin cette agonie de six semaines à l'île d'Yeu où vient s'évanouir le rêve tant caressé du débarquement d'un prince en Vendée, telles sont les pages de son journal à bord ; » de 1796 à 1799 il fait la guerre de chouannerie en Anjou et dans le Maine ; en 1813 il lève seul quelques troupes contre Napoléon : il commande deux légions aux Cent-Jours, et en 1832, s'il ne reprend pas les armes, ce n'est ni sa faute, ni celle de ses soixante-douze ans, mais bien celle du roi-citoyen qui le jette en prison dès la première nouvelle d'un soulèvement.

Le général avait beaucoup vu, ayant beaucoup combattu : il eut le bon esprit d'écrire ses Mémoires. Son arrière-petit-fils vient de les publier, en les accompagnant de nombreuses lettres écrites par le général ou par ses compagnons d'armes, de notes et de pièces justificatives.

Ce livre est précieux à plus d'un titre : les érudits y trouveront des détails nouveaux, des récits qui confirment ou rectifient un grand nombre de faits de l'histoire de la Chouannerie ; les simples curieux se passionneront à la lecture des belles histoires de batailles, d'embuscades, de coups de main souvent heureux, toujours hardis, dont le livre est semé ; tous y pourront admirer l'exemple d'un homme qui lutta sans relâche et sans défaillance pour Dieu et le Roi, qui ne craignit jamais qu'une chose : manquer à son devoir, et qui ne capitula devant aucun fait accompli, qu'il s'appelât Révolution, Empire ou gouvernement de Juillet.

Les Mémoires sont écrits simplement. Les traits les plus héroïques sont racontés avec une modestie charmante. Les succès et les revers, les souffrances et les courtes joies, les rondes de nuit, les conseils secrets des chouans, revivent aux yeux du lecteur. On se croit au milieu de ces braves, à l'affût, sur la lisière d'un bois ; les Bleus passent, pif, paf, les Bleus s'enfuient, vive le Roi !

Le vicomte de la Frégeolière dédie ce beau livre à son fils. Dans quelques pages, d'un style alerte et vaillant, il résume, à la fin du volume, la vie du général, son aïeul, « apprends de lui, dit-il, mon enfant, à ne désespérer jamais, quelles que soient les épreuves, quels que soient les revers : le soldat du droit peut mourir, mais sa cause est immortelle. »

Les Mémoires du général Bernard de la Frégeolière rencontreront, nous en sommes sûrs, le meilleur accueil en France et spécialement en Anjou. Nous n'avons à souhaiter qu'une chose, c'est que M. le vicomte de la Frégeolière ait des imitateurs, et que les descendants des héros des guerres de Vendée ou de Chouannerie, se décident tous à fouiller leurs archives de famille et à publier les trésors qu'elles renferment.

(L'Étoile)

Nous signalons aux amateurs de belles éditions un véritable chef-d'œuvre typographique sorti des presses de D. Jouaust : *Emigration et Chouannerie, Mémoires du général Bernard de la Frégeolière.*

Tiré à un très petit nombre d'exemplaires dont 50 sur papier de Hollande, l'ouvrage est orné d'une belle eau-forte, par Martial, et se recommande aux chercheurs de documents inédits pour les curieux détails qu'il renferme sur les guerres de l'émigration, le rôle de l'Angleterre à Quiberon, le séjour du comte d'Artois à l'île d'Yeu et la Chouannerie en 1796-1799, 1813 et 1815.

Le vicomte Bernard de la Frégeolière, ex-officier de marine, qui publie les Mémoires de son bisaïeul, les a enrichis de nombreuses notes qui témoignent de longues et savantes recherches.

Quoique ne partageant pas les opinions de l'auteur de ces souvenirs, nous rendons hommage au noble caractère mis en relief par ce livre où le vétéran de tant de luttes raconte ses belles actions aussi simplement qu'il les a accomplies.

Cet héroïque et intransigeant champion du drapeau blanc savait se faire aimer même de ses adversaires, et sa liaison avec le général Girardon, commandant à Angers, est un charmant épisode au milieu de ces récits de bataille. Ces deux hommes, jetés par le malheur des temps dans des voies différentes, étaient dignes de s'apprécier ; ils se tendaient la main sur un terrain où les vrais Français se rencontrent : celui de l'honneur.

(Journal des Débats)

Au mois de janvier 1871, sur le champ de bataille de Bapaume, un jeune officier de marine tombait en criant : « Marins on ne se rend pas ! » — Renaud de la Frégeolière, dont le cri a retenti à la tribune française, était le digne petit-fils du général Bernard de la Frégeolière, dont les intéressants Mémoires viennent de paraître chez Jouaust, sous le titre : *Emigration et Chouannerie.*

Quoique ne partageant pas les opinions de l'auteur de ces souvenirs, nous nous faisons un devoir de les signaler à nos lecteurs ; les amateurs d'inédit y trouveront d'intéressantes pages sur les guerres de l'Émigration, Quiberon, la Chouannerie, et l'état de nos provinces de l'ouest en 1813 et 1815, tous s'inclineront devant un beau caractère, car l'indomptable fidélité à un principe a toujours droit à l'admiration et au respect.

Quels que soient du reste nos jugements sur les hommes et les choses de l'Émigration, n'oublions pas que l'Europe nous envoyait alors le courage et le dévouement de notre noblesse et qu'un général autrichien, passant avec un brillant état-major devant ces gentilshommes, habitués hier à toutes les aises de la vie et faisant dans l'exil et la misère le rude métier de simple soldat, disait : « Voyez, Messieurs, en feriez-vous autant ! »

(L'Estafette)

Parmi les noms cités dans l'ouvrage, nous remarquons :

D'Abzac, d'Allonville, d'Ambly, d'Ambrugeac, d'Andigné, d'Autichamp, de Beaumont, Benoist, de Bernard, Bernier, de Boissard, Bory, de Botherel, de Bouillé, de la Bouillerie, Bourdin, de Bourmont, Bouttier, du Breuil de Gargilesse, de Brives, de Broc, Brune, Bucher de Chauvigné, Cadoudal, du Can, de Candé, de Chammes, de Champagné, de Chappedelaine, de Charette, Châtelain dit Tranquille, de Châtillon, de la Châtre, de Chaussard, de Chauvigny de Blot, Chevreuil, de Clermont-Tonnerre, Cocquereau, de Coislin, de Contades, Cottereau, Delaage, Dumouriez, de Duras, de l'Étoile, d'Étriché de Barassé, de la Fayette, de Feltre, de Flavigny, de Fontenay, de Follin, Fouché, du Fougeroux, de Frotté, de Galwey de Turbilly, de Gastines, Gaullier, de Gautret, Girardon, de Gourgeault, de Gramont, Grimaudet de Huillé, de Guer, Guérin, de Guiche, Guillot de la Potherie, de la Hamelinaye, d'Hautefeuille, d'Havrincourt, Hédouville, d'Héliand, Hély d'Oissel, de Hercé, d'Hervilly, de Jarnac, Jarret, Joubert, de Jourdan, du Lac, Lamarque, de Launay, de Légier, Legouz du Plessis, de Léon, Lespagneul de Rillé, Mabille du Chêne, de Magon, de Malartic, de Marescot, de Margadel, Maugour, de Monsabré, de Monteclair, de Montulé, de la Motte de Rége, Noireau, de la Noue, d'Oilliamson, d'Oyron, d'Oysonville, Pasquier, Paultre de la Motte, Pichegru, Pion-Noirie, Poirier, de Polignac, de Pontbriand, de Pontfarcy, de la Prévalaye, de Puisaye, de Rasilly, de la Rochejacquelein, de Rochecotte, de la Roche Saint-André, de la Rochette, de Rohan, de Saint-Jacques, de Sainte-Marie, de Saint-Sauveur, de Sapinaud, de Sarcé, de Savonnières, Sol de Grisolles, de Sombreuil, de Sourdon, de Suzannet, de Talleyrand, de la Trémouille, Turpin de Crissé, de la Vieuville, de Vilaines, Villaret-Joyeuse, de Villèle, de Villeneuve, etc., etc.

Angers, imprimerie Germain et G. Grassin, rue Saint-Laud. — 993-81.

Le Vanier.

De sable à un sautoir d'or.

D'Hozier, mss., p. 1201.

Levaré (de), v. Maumousseau, — des Vaux.

Le Vayer.

De gueules à la croix d'argent chargée de cinq tourteaux de gueules.

Mss. 993.

Le Veneu (Jean), abbé de Saint-Serge, 1533.

Le Veneur de Carouges.

De gueules au chef d'or chargé de trois trompes ou cors de chasse de l'un en l'autre.

Gencien, mss. 996, p. 66. — Mss. 995., p. 70.

Le Veneur de Tilliers, — de Bescon, — de Carrouges, — du Louroux.

D'argent à la bande d'azur chargée de trois sautoirs d'or.

Mss. 703. — Gencien, mss. 996, p. 66. — Roger, mss. 995, p. 2. — Mss. 995, p. 70.

Levêque (Jean), curé de Saint-Léonard de Durtal, mort en 1697.

D'argent à un chevron de gueules, accompagné en chef d'un croissant accosté de deux étoiles d'azur et en pointe d'un cœur de gueules percé d'une flèche d'or en bande.

D'Hozier, mss., p. 308.

Levêque de la Gravière, — de la Baloirie.

D'argent au chevron d'azur accompagné de trois tourteaux de pourpre, deux en chef et un en pointe.

Audouys, mss. 994, p. 101. — V. Levesque.

Levert de la Fontenelle.

Échiqueté d'argent et de gueules.

Mss. 439.

Levesque de Gravelle ; — dont un grand-maître des eaux et forêts de la généralité en 1764.

Coupé d'azur et d'argent ; l'azur chargé d'une grue d'argent tenant sa piété d'or ; et l'argent chargé de trois cœurs enflammés de gueules.

Carré de Busserolle.

Levesque.

D'or à un chevron de gueules accompagné de trois mouchetures d'hermines de sable.

D'Hozier, mss., p. 997. — V. Levêque.

Lévières-lèz-Angers (le prieuré de), v. Angers, 7°.

Le Voyer, — de la Foucherie.

D'or à une croix de sinople.

D'Hozier, mss., p. 563.

Le Voyer de la Daviaiesie.

D'argent à une fasce de sable.

D'Hozier, mss., p. 878.

Levraude.

D'argent à la bande de gueules.

Audouys, mss. 994, p. 105. — Gencien, mss. 996, p. 47. — Gohory, mss. 972, p. 121. — Mss. 703.

Levraudière (de la), v. Blandin.

Leviston de la Hullinière.

D'argent à trois carreaux de gueules, deux en chef et un en pointe.
Mss. 439.

Levys (de) de Mirepoix, — de Rochefort, — de la Possonnière, — de Vantadour.

D'or à trois chevrons de sable.

Mss. 995, p. 73. — Audouys, mss. 994, pp. 106, 109. — Le même, p. 107, dit :

D'argent à trois chevrons de gueules.

Leu (de la), v. Chalopin.

Lezardière (de la), v. Robert de la Saussaye.

Lezé (de), v. de Laval.

Lezigné (de), v. de Champagne.

Lezineau de Gatines, — de la Maronnière; — dont René, doyen du chapitre royal Saint-Laud d'Angers, maire d'Angers, 1677-1681 ; René, son fils, échevin perpétuel, doyen de la Faculté de Droit d'Angers, 1697.

Écartelé : aux un et quatre d'argent à la tête de maure de sable, coupée et posée de profil, tortillée d'argent, les yeux et les perles d'oreilles de même ; aux deux et trois d'azur à trois fasces ondées d'argent.

Audouys, mss. 994, p. 105. — D'Hozier, mss., pp. 63 et 64. — Mss. 993. — Gencien, mss. 996, p. 8. — Jeton municipal de 1681 portant la légende : *Vias urbicas, suburbanas et pontes urbis refecit.*

Lhommage (de), v. de l'Hommage.

L'Homme de la Pinsonnière.

D'or à un chevron de sable chargé de deux épis d'or, accompagnés de trois trèfles de sinople.

Sceau.

Lhommeau (de), v. Fournier.

Lhopitau (de).

D'argent à un lion de gueules couronné d'or.

D'Hozier, mss., p. 1002.

Lhormais (dé), v. Le Clerc.

Lhorme (de).

Losangé d'or et de sinople.

D'Hozier, mss., p. 927. — V. Delorme. — de l'Orme.

Lhuillier, v. Luillier.

Liardières (des), v. Breslay.

Liboreau de la Pasqueraye, — de la Baudouinière, — de la Bicquemaye, — de la Largière, — de la Chevallerie; — dont Pierre, chevalier de l'Ordre du roi, 1539; Renée, abbesse du Perray-aux-Nonains, 1549.

Audouys, p. 107.

Licquet de la Guerche, — de Livoye, — de la Maison-Neuve, — de la Hardouinnière, — de Longué, — d'Étiau; — dont un conseiller au présidial d'Angers.

D'azur à trois épis d'or posés deux et un.

Audouys, mss. 994, p. 103. — Le mss. 993, donne au conseiller au présidial : *Une étoile et deux épis d'or au lieu de trois épis.* — V. Liquet.

Lige (du), v. de Cantineau.

Liger des Fontaines.

D'azur à trois demi-vols d'argent, posés deux et un.

D'Hozier, mss., p. 898.

Lignière (de), v. de Savonnière. — de Linières.

Ligniville (de).

Losangé d'or et de sable.

Gencien, mss. 996, p. 44.

Ligny (de).

D'azur au chevron d'or.

Gencien, mss. 996, p. 44.

Ligron (du), v. Ogeron.

Lille (de); — dont un curé de Briollay en 1697.

De gueules à dix billettes d'or, posées quatre, trois, deux et une.

D'Hozier, mss., p. 881. — V. de l'Ile. — de Rennes. — Druillet.

Lille du Gats.

De gueules à la croix d'argent frettée d'azur.

Audouys, mss. 994, p. 109.

Limbaudière (de), v. Sacé.

Limelle ou Limesle (de la) de la Deviaie, — de la Brientaie.

De... à trois quintefeuilles de... posées deux et une.

Audouys, mss. 994, p. 106.

Limesle (de), de la Bouveraie, — de Bettefroy, — de la Corbinière.

D'argent à trois tourteaux d'azur chargés chacun d'une étoile ou d'une quintefeuille d'argent.

Armorial mss. de Dumesnil, p. 16. — Mss. 439. — D'Hozier, mss., p. 78. — Le Mss. 703, dit : *D'argent à trois tourteaux de gueules*... — Audouys, mss. 994, p. 106, ajoute : *parti*, comme ci-dessous, qu'indiquent seulement le mss. d'Orléans, Gencien, mss. 996, p. 46, le mss. 995, p. 94, Gaignières, Armorial mss., p. 18, Roger, mss. 995, p. 7 :

De sable à une étoile à six raies d'argent ou une molette d'éperon, au chef d'argent chargé de deux quintefeuilles d'azur.

Mss. 972, p. 18. — Audouys, mss. 994, p. 107, indique aux Lemesle de la Corbinière les dernières armes, mais la *molette d'or*. — D'Hozier, mss., p. 528, donne à Monique de Bastard, femme de Louis de Limelle de Bouvrais : *mi-parti au premier de gueules à une demi-fleur de lis d'or mouvante de la partition ; et au deuxième d'or à une demi-aigle de gueules, mouvant aussi de la partition.* — V. de Saint-Aubin. — de Lancrau.

Limet (de), v. Hélaud.

Limiers.

D'or à un chevron de sable accompagné de trois trèfles de même.

D'Hozier, mss., p. 916.

Limiers (Gilles), curé des Rosiers, 1704.

D'azur à un chiffre d'or composé des lettres G et L doubles et entrelacées, surmontées d'une couronne de fleurs aussi d'or.

D'Hozier, mss., p. 504.

Limoges (de), v. de Blois.

Limousinière (de la), v. de la Touche.

Limozin (de), v. D'Origny.

Limpraye (de la), v. Pinot.

Linet (de), v. de la Fléchère.

Lingende (de).

D'azur à trois glands d'or posés deux et un.

Audouys. mss. 994, p. 109. — Gencien, mss. 996, p. 47. — Gohory, mss. 972, p. 116.

Lingrée ou Lingré (de) de Salbœuf, — du Nombreil.

D'argent à trois pals d'azur au chef de même.

Audouys, mss. 994, pp. 101, 106. — Gencien, mss. 996, p. 47. — Roger, mss. 995, p. 19. — Mss. 995, p. 102. — Gohory, mss. 972, p. 63.

Linières (de), v. d'Orange. — Le Bigot. — de Girard. — des Portes. — de la Barre. — de Hillerin. — de Lignères.

Linières-Bouton (de), v. de Petit-Jean. — Héard.

Linion (de), v. de Laspage.

Linotière (de la), v. Ronsard.

Linte (de), v. du Hardas.

Lion-d'Angers (le prieuré du), dépendant de Saint-Aubin d'Angers.

D'or à un lion de sable, armé, lampassé et couronné d'azur.

D'Hozier, mss., p. 1254.

Lion-d'Angers (la ville du).

D'or à une fasce de sable, écartelé de sable à un pal d'or.

D'Hozier, mss., p. 1506.

Lion-d'Angers (du), v. de Châteaubriant. — de Franquetot. — de Girard. — de la Perrière. — de Montbourcher. — de Jonchères. — de Craon.

Liquet, v. Licquet.

Liré (de), v. du Breil. — du Bellay. — de la Bourdonnaye. — Chabot.

Lirot de la Patouillière.

De... à une croix de patriarche de...

Sculpt. xviii⁰ siècle, église Saint-Jean de Montfaucon.

Lisardière (de la), v. de Broc. — de Pincé.

Liscoët (de).

D'argent au chef de gueules chargé de sept billettes d'argent, posées quatre, trois.

Mss. 993.

Liscourt.

D'azur au lion léopardé d'or, armé, lampassé et couronné d'or.

Gencien, mss. 996, p. 44.

Lisserac.

Parti d'azur à trois coquilles d'argent mises en pal, parti fascé d'or et de gueules de huit pièces.

Gencien, mss. 996, p. 44.

Lithuanie (les ducs de).

De gueules à un homme armé, levant une épée nue, le tout d'argent, ayant à son col un écu d'azur à une double croix d'or et séant sur un cheval aussi d'argent, houssé d'azur et cloué d'or.

Mss. 995, p. 54.

Livenne (Charles de), abbé de Saint-Maur.

La famille de Livenne en Poitou, portait :

D'argent à la fasce d'azur, losangée d'argent et d'azur et accompagnée de trois étoiles de gueules.

La Chesnaye-des-Bois, tome XII, p. 201.

Livette (de), v. Éveillard.

Livière (de), v. Le Gras.

Livois (de), v. Éveillard. — Licquet.

Livonnière (de), v. Pocquet.

Livré (de), v. de Montbourcher. — Charbonnier. — de la Roë.

Livron.

D'argent à trois fasces de gueules au franc quartier d'argent chargé d'un roc d'échiquier de gueules.

Gencien, mss. 996, p. 44.

Lizière (de la), v. du Rossignol. — Racapé.

Locerie (de la), v. de la Fléchère.

Lodinière (de la), v. de la Grandière.

Loge (de la), v. Cassin.

Logerie (de la), v. Robert.

Loges (des).

D'azur à trois maisons d'or maçonnées de sable.
Mss. 993.

Loges (des).

De gueules à trois quintefeuilles d'argent.
Gencien, mss. 996, p. 47. — Audouys, mss. 994, p. 109, d'après le Cartulaire de Monguion en 1228. — V. de Jarzé. — de Champ-chevrier. — Charlot. — Lestoré. — Rouillé. — Crespin. — du Vau. — Billeheust.

Loges (la Communauté des RELIGIEUSES DE NOTRE-DAME des) Ordre de Fontevrault, fondée au XIIᵉ siècle.

D'argent à une Notre-Dame au naturel, vêtue de gueules et d'azur, diadémée d'or, posée sur un terrain de sinople, tenant l'enfant Jésus aussi au naturel, ayant une couronne d'or sur la tête.
D'Hozier, mss., p. 168.

Loges-Baracé (des), v. d'Estriché.

Loheac (de) (famille éteinte).

De Vair.
Roger, mss. 995, p. 4. — Audouys, mss. 994, p. 109. — V. Angier.

Loheac de la Belottière, — du Perrin; — dont Jean, juge de la prévôté et maire d'Angers en 1492, fils de Jean, secrétaire-greffier du conseil de la duchesse Yolande ; Jean, recteur de l'Université d'Angers en 1498.

D'azur à trois losanges d'or posés en fasce et se touchant ; au chef d'argent chargé de trois merlettes de sable.

Mss. 703. — Audouys, mss. 994, p. 101. — Gohory, mss. 972, p. 144. — Gencien, mss. 996, p. 1, dit : *les trois losanges posés deux et un...*

Loiré (de), v. Brillet. — de Gaigné. — du Mortier.

Loirie (de la), v. de la Louairie.

Lomagné (de), v. Durfort et Domaigné.

Lombers (de), v. Adhémard.

Lomblais (de).

De gueules à trois bandes d'argent.
D'Hozier, mss., p. 876.

Lommaye (de), v. Chiquené. — Cadu.

Lommeau (de).

De gueules à une licorne d'argent.
D'Hozier, mss., p. 912. — V. de l'Hommeau.

Londigny (de), v. Jousseran.

Londor (de).

De gueules à la bande d'or.
Cauvain, Armorial du Maine.

Longchamps (de), v. Le Marié.

Longée (de), v. du Bois.

Longeval (de).

Bandé de gueules et de vair de six pièces.
Mss. 995, p. 73.

Longcôme (de), v. de Gazeau.

Longère (de la), v. de Menon.

Longi (Thomas), abbé de Chaloché, 1372.

Longs-Champs (des), v. Jousselin.

Longrais (des), v. de Boulleuc.

Longué (de), v. d'Estampes. — Licquet. — des Roches.
— du Marais. — de Cheridan. — Croisset. — Bernard. —
de Craon.

Longuefuie (de), v. de Bodieu.

Longueil.

D'azur à la canne volante d'or posée en fasce.
Gencien, mss. 995, p. 44.

Longueil (de) de la Devansaie, — des Chenets ; —
dont Charles, membre de l'Académie des belles-lettres,
d'Angers, 1699 ; Henri, chevalier de Saint-Louis, gentilhomme ordinaire du duc d'Orléans, agronome et littérateur,
né en 1725.

D'azur à trois roses d'argent au chef d'or chargé de trois roses
de gueules.

Audouys, mss. 994, p. 105. — D'Hozier, pp. 212, 461. —
Gencien, mss. 996, p. 46. — Mss. 439. — Mss. 995, p. 79. —

Les cadets de cette maison brisent : *d'une bordure componnée d'argent et de gueules de douze pièces.* — M. de Busserolle indique Pierre de Longueil, administrateur de l'archevêché de Tours en 1312, qui portait :

Écartelé aux un et quatre d'or à trois roses de gueules posées deux et une ; aux deux et trois d'azur à trois roses d'argent posées deux et une.

Longueville (de), v. de Mirebeau.

Longues-Haies (des), v. Cordon.

Lonjumeau (de), v. de Rueil.

Lonlay (de) de Menilbroust, — de Clervaux.

D'argent à une fleur de lis de gueules, posée en cœur et accompagnée de porcelets de sable, posés deux et un.

Audouys, mss. 994, p. 108. — Carré de Busserolle.

Loppin de Nitray.

D'azur au chevron de gueules à trois aubefoins ou œillets de gueules tigés et feuillés de sinople.

Mss. 995, p. 120.

Lorchère (de), v. de l'Orchère.

Lorenz.

De gueules à six aiglettes d'argent, posées trois, deux, une.

Mss. 993.

Lorets (de), v. de Blais.

Lorie (de la).

D'or à la fasce d'azur accompagnée de trois étoiles d'or, deux en chef et une en pointe.

Audouys, mss. 994, p. 109. — Gencien, mss. 996, p. 47. — Gohory, mss. 972, p. 120, dit : *trois étoiles de gueules* au lieu d'or. — V. de More. — Constantin. — Le Pelletier.

Lorière (de), v. de Launay. — Thielin. — Marveilleau.

Loriot de la Galonnière, — du Boys, — de la Baucerazière, — du Petit Riou ; — dont Pierre, maire d'Angers en 1520.

D'or à quatre pals de gueules.

Audouys, mss. 994, p. 103. — Gencien, mss. 996, p. 3. — Gohory, mss. 972, p. 148. — Mss. 703.

Lormaie (de), v. Peigné.

Lormande ; — dont Pierre, prieur de Cunaud en 1723.

De... au chêne de... le chef de sable chargé de trois étoiles d'argent.

Cloche de Saulgé-l'Hôpital, 1732.

Lorme (de), v. Ricordeau. — Pichery. — Delorme. — de l'Orme. — Bodin.

Lormoire (de), v. Leroux.

Lormoise (de), v. Lespeigné.

Lormont (de), v. Peigné.

Loroux-Bottereau (du), v. de Montjean.

Lorraine (de) de Bonners, — de Vaudemont ; — dont Jean, sénéchal de l'Anjou, 1470 ; Jean, abbé de Pontron en 1419 ; Isabelle, épouse de René d'Anjou, morte en 1453 ; Ferry, chevalier du Croissant.

D'or à la bande de gueules chargée de trois alérions d'argent.

Audouys, mss. 994, p. 101. — Mss. 703. — Mss. 993 et 999. — V. d'Anjou.

Lorraine (de) Louis, cardinal de Guise, abbé de Saint-Pierre de Bourgueil, évêque de Metz et archevêque de Sens, 1527-1578.

De Lorraine-Guise qui est : *Coupé de huit pièces, quatre en chef et quatre en pointe ; au premier de Hongrie ; au deuxième d'Anjou-Sicile ; au troisième de Jérusalem ; au quatrième d'Aragon ; aux cinquième et premier de la pointe, semé de France à la bordure de gueules, qui est d'Anjou ; au sixième d'azur au lion contourné d'or, couronné, armé et lampassé de gueules, qui est de Gueldres ; au septième d'or au lion de sable, armé et lampassé de gueules, qui est de Flandre ; au huitième de Bar, et sur le tout d'or à la bande de gueules chargée de trois alérions d'argent, qui est de Lorraine.*

Carré de Busserolle, p. 590.

Lorré (de) du Terrier.

D'hermines à trois quintefeuilles de gueules posées deux et une.

Mss. 439.

Lossendière (de) de la Gandière ; — dont François, maréchal de camp en 1789.

D'azur à un arbre d'or posé sur une terrasse de même.

Carré de Busserolle, p. 593. — V. de l'Ossandière.

Louairie ou Loirie (de la) du Grand-Bois.

D'azur à trois fasces d'or bordées de gueules.

Mss. 439 — Audouys, mss. 994, p. 109. — Armorial mss. de Dumesnil, p. 15. — Audouys, mss. 994, p. 109 et Gohory, mss. 972, p. 130, ajoutent les armes suivantes :

De gueules à l'oie d'argent posée sur un tronc sec de même.

Loubes (de) de Solce, — de Lambroise.

Losangé d'or et d'azur.

Mss. 439 et 703. — Audouys, mss. 994, p. 108. — Gencien, mss. 996, pp. 48, 78, dit : *échiqueté*. — L'Armorial mss. de Dumesnil, dit : *losangé d'or et de gueules*.

Loudon (de), v. Lemery.

Loudun (de) de Trèves ; — dont Geoffroy, évêque du Mans, 1234 ; Mathieu, abbé de Saint-Florent de Saumur, évêque d'Angers en 1155, † en 1162.

De gueules à la bande d'or.

Mss. 703. — Audouys, mss. 994, p. 101. — Ménage, Histoire de Sablé, p. 252.

Loué (de), v. de Laval. — de Coulaines.

Louet de la Souche, — de la Louterie, — de la Motte-d'Orvaulx, — de Lonchamps, — de la Fleuriaie, — d'Écharbot-Gatevin, — du Plessis-Remond, — de la Guitoisière, — de la Romanerie, — de la Boutonnière, — du Perray, — de la Porte, — de Servaux, — de Chauvon, — de la Marsaulaie ; — dont Charles, maire d'Angers en 1631, conseiller du roi et lieutenant en la sénéchaussée d'Anjou ; Pierre, maître d'hôtel du roi René, 1426 ; Charles, prieur des Roches-Saint-Paul, peintre et poète, 1715 ; Clément, lieutenant général de la sénéchaussée d'Anjou, 1575 ; Georges,

doyen de Saint-Jean-Baptiste d'Angers, abbé de Toussaint, 1598, évêque de Tréguier, jurisconsulte ; Georges, G.-G., maître-école, recteur de l'Université d'Angers, official du diocèse, né en 1725 ; James, lieutenant général à Baugé, trésorier général du comte d'Anjou et président de la Chambre des comptes, mort en 1479 ; Jacques, conseiller au grand conseil, 1483 ; Jean, curé de Brion, abbé de Toussaint en 1462 ; René, lieutenant particulier du sénéchal d'Anjou, 1581 ; René-Sébastien, conseiller au présidial d'Angers en 1712, érudit ; René, conseiller au présidial d'Angers en 1696 ; Georges, président à l'élection de Baugé en 1696.

D'azur à trois coquilles d'or posées deux et une.

Sculp. musée d'antiquité d'Angers, n° 85. — Sceau, xvi° siècle, à M. Hucher, du Mans. — Armorial mss. de Dumesnil, p. 16. — Mss. 703. — Roger, mss. 995, p. 14. — Chapelle de la Rouveraie xix° siècle. — D'Hozier, mss., pp. 67, 100, 142, 144, 298, 305, 306, 307, 530, 531. — Audouys, mss. 994, p. 103. — Gencien, mss. 996, p. 7. — Gohory, mss. 972, p. 161.

Loueterie (de la), v. Louet.

Louetière (de la), v. de Martineau.

Loumeau (de), v. de l'Hommeau. — Hullin. — de Lommeau.

Loumois (de), v. de Montbron.

Loupelande (de), v. de Craon.

Loupes (des), v. de Marcé.

Loup-Pendu (de), v. de Fleurville. — Guillot.

Loupy.

De gueules à cinq annelets d'argent posés en sautoir.
Gencien, mss. 996, p. 44.

Louresse (de), v. Le Bel. — des Vaux.

Lourmais (de), v. Avril.

Lourmé (de) de Froidefons.

D'argent à l'aigle éployée de sable, becquée et membrée de gueules.

Audouys, mss. 994, p. 103. — Gencien, mss. 996, dit : *l'aigle de gueules.*

Louroux (du), v. Le Veneur.

Louroux (l'abbaye de Notre-Dame du), Ordre de Citeaux, fondée le 13 septembre 1121, par Foulques V, comte d'Anjou et la comtesse Eremburge.

D'argent à une bande de sable, écartelé de sable à une barre d'argent.

D'Hozier, mss., p. 1528.

Louroux (la Communauté des Religieux de l'abbaye du).

D'azur à deux fleurs de lis d'argent.

D'Hozier, mss., p. 316.

Lousserie (de la), v. de Chivré.

Loutière (de la), v. de Marans.

Louvaines (de), v. Bautru. — du Bouchet.

Louverie (de la), v. de Launay.

Louville (de), v. d'Allonville.

Louzil (de), v. de l'Ouzil.

Lovière (de), v. Chevaye.

Loyenne (de la), v. Chotard.

Lozé (de), v. Tripier.

Luat (du), v. Cappel.

Luart (de), v. Le Gras.

Lubert (du), v. de Couaisnon.

Luc (de), v. Le Pauvre.

Lucardière (de la), v. de Rigné.

Lucas.

De gueules à trois chevrons d'argent.
Sceau.

Lucé (Geoffroy de), abbé de Chaloché, 1207-1213. —
V. de Maridor. — de Coesme.

Luché (de), v. Cabaret.

Lucrèce de Colasseau.

De gueules au lion d'or.

Sceau.

Lude (du), v. de Daillon. — Le Pauvre. — Beaumont. — de Craon.

Ludies.

Bandé d'or et d'azur de six pièces à la bordure engrelée de gueules.

Gencien, mss. 996, p. 44.

Luet de la Pilorgerie.

De gueules à trois lions rampants d'argent couronnés d'or.

De Courcy, Armorial de Bretagne.

Luez (de), v. Le Pauvre.

Lugny.

D'argent à trois lions de sable, armés, lampassés de gueules et couronnés d'or.

Gencien, mss. 996, 44.

Lugray.

D'argent à une croix engrelée de sable.

D'Hozier, mss., p. 940.

Luiygné (de), v. Charlot. — de Goulaines. — de la Jumelière. — Sagnier. — Dean.

Luillier.

D'azur à trois coquilles d'or posées deux et une.
D. P.

Luillier du Plessis.

Parti d'argent et de gueules au lion d'or brochant sur le tout.
D. P.

Luisnier.

D'argent à trois fasces de gueules.
D'Hozier, mss., p. 902.

Lully (Jean-Baptiste de), abbé de Saint-Georges-sur-Loire en 1687.

Lumagne.

D'azur à trois limaçons d'argent montrant leurs cornes, à une fleur de lis d'or en chef.
Audouys, mss. 994, p. 113.

Lunéville.

D'or à la bande de gueules chargée de trois croissants montant d'argent.
Gencien, mss. 996, p. 44.

Lure (Guy de), abbé de Saint-Serge en 1390.

Lusignan (de) de la Marche, — de Langeais, — d'Angoulême; — dont plusieurs croisés entre autres Guy, roi de Jérusalem et de Chypre, 1185.

Burelé d'argent et d'azur de dix pièces.

Mss. 995, p. 55. — Mss. 993. — M. de Busserolle dit que la branche de Langeais s'est éteinte en 1303 ; quelques-uns brisaient : *d'un lion de gueules, armé, lampassé et couronné d'or brochant sur le tout.* — V. Chypre.

Lussière (de la), v. Testard.

Lusson.

D'azur à un paon rouant d'or.

D'Hozier, mss., p. 944.

D'argent à un chef d'azur chargé d'un soleil d'or.

D'Hozier, mss., p. 1274.

Luthier du Plessis-Saint-Martin — de la Richerie, — de Sainte-Jammes ; — dont Philippe-Jérôme, abbé de Brignon, 1744 ; Philippe, botaniste, mort en 1783.

D'argent au lion rampant de sable, armé, lampassé de même, engoulant une bisce ou serpent de sinople.

Audouys, mss. 994, p. 103.

Lux (de) de Vantelet, — de Fourneux ; — dont César, prieur de Notre-Dame de Cunaud, 1651-1706 ; et Louis, prieur de Longué, 1697.

D'argent à trois mouchetures d'hermines de sable, posées deux et une.

D'Hozier, mss., pp. 610, 514.

Luxembourg (de).

D'argent au lion de gueules à la queue nouée et passée en sautoir, armé, lampassé et couronné d'or.

Mss. 995, p. 60. — des membres de cette famille brisèrent : d'un lambel d'azur de trois pendants.

Luynes (de), v. d'Albert.

Luzé (de), v. Pocquet.

Luzerne (César de la), évêque de Langres, abbé de Bourgueil, 1782.

D'azur à la croix ancrée d'or chargée de cinq coquilles de gueules.
Carré de Busserolle, p. 601.

Luzigné (de), v. Guilmot.

Lyrot de la Piltais, — du Bois-Joulain, — du Chastellier, — de la Rivière, — de la Patouillère, — de la Gibrais, — de Montigné, — de la Jarrie, — du Pesle ; — dont Hervé, alloué de Nantes, conseiller aux Grand-Jours en 1530 ; un procureur-syndic de Nantes, en 1623 ; un conseiller au Parlement en 1780.

D'azur à un lion rampant d'argent.
De Courcy, Armorial de Bretagne.

Lyon (de), v. de Montdor. — du Fresne.

Lys (du), v. des Hommes. — Falloux.

M

Mabilière (de la), v. de Crespy. — Dupré.

Mabille.

Losangé d'argent et d'azur.

D'Hozier, mss., p. 887.

Mabille du Chêne, (primitivement du Chesne-aux-Bœufs), — de la Paumellière, — du Hillier, — du Breuil, — du Bois-Gilbert, — du Lavoir, — de Névy, — de la Motte ; — dont Louis, fusillé par les Bleus, 1796 ; Georges, maire de Baugé, 1815.

De gueules au chevron d'or accompagné de trois tours de même.

Gohory, mss. 972, p. 60. — Audouys, mss. 994, p. 123. Les archives dép. (série E, famille Mabille) disent : le champ *de gueules ou d'azur.* La famille porte actuellement cette dernière couleur de l'émail avec *le chevron et les trois tours d'or.* — Gaignières, Armorial mss., p. 14, et Gencien, mss. 996 p. 53, disent : *trois rocs déchiquier.....* Le mss. 439 donne : *le champ d'azur au chevron d'argent à trois tours de même et maçonnées de sable posées deux et une.*

D'Hozier, mss., p. 508, dit : *d'or au chevron de sable et trois tours de sable.*

Le même, p. 1029, dit : *d'or à trois aigles de sable*, et p. 1030 : *d'azur à trois pommes d'or tigées et feuillées de même posées deux et une.*

Mabit.

De gueules au croissant d'argent.

D'Hozier, mss., p. 887.

D'argent à quatre bandes de gueules.

D'Hozier, mss. p. 883.

Maboulière (de la), v. Courjaret.

Macé.

D'or à cinq aiglettes d'azur posées en sautoir.

D'Hozier, mss., p. 941.

De gueules à trois léopards d'or posés l'un sur l'autre.

D'Hozier, mss., p. 921.

De gueules à une bande d'or accompagnée de six annelets d'ar-ent posés en orle.

D'Hozier, mss., p. 872.

Machecoul (de); — dont Raoul, évêque d'Angers, 356.

De gueules à trois chevrons d'argent ou d'argent à trois chevrons ₂ gueules dont le premier est péri sous le chef.

Sceau de 1276. — Mss. 703. — Lehoreau, mss. n° 2, — allain, mss. 867, p. 364, donnent *le champ de gueules.* — Des itraux du xvi° siècle, église St-Pierre de Bouguenais; un ortrait, xvii° siècle, Versailles, Croisades, un Armorial du vi° siècle et un dessin de Gaignières à Oxford I, p. 232, d'après n tombeau de l'abbaye de Villeneuve disent :

D'argent à trois chevrons de gueules.

La généalogie des Machecoul Viellevigne(titres de la Bibliot. Nat.) it *l'un et l'autre.*

Machefer de la Macheferrière.

De sable à trois fers de cheval d'argent.

Cette maison s'est fondue dans celle de Laval en 1420.
Mss. 703.

Macheferrière (de la), v. de Feschal, — Mache-fer, — de Laval.

Machefollière (de la), v. Colasseau.

Machelyère (de la), v. Gillet.

Macquenon, v. Maquenon.

Madaillan (de) de Montaterre, — de Chauvigny-en-Craonnais, — de l'Isle, — de Lesparre, — de Lassay, — de Cully ou Tully, — de Mansillé, — d'Athée-sur-Oudon ; — dont Louis, maréchal de camp en 1647.

Écartelé aux premier et quatrième tranché d'or et de gueules, au deuxième et troisième d'azur au lion d'or couronné de même qui est de Lesparre.

Gohory, mss. 972, p. 122. — Mss. 439 et 1703. — Audouys, mss. 994, p. 110.

D'Hozier, mss., p. 435. — Gencien, mss. 996, p. 50. — D'Hozier, mss., p. 672, donne aux Madaillan de Chauvigny et de l'Isle :

D'argent à l'aigle à deux têtes de sable.

Madeleine de Brossay (Le prieuré de la), fondé au XIIe siècle.

D'argent à la Madelaine de sable, la tête et les mains de Carnation.

Brevet du 22 août 1698.

Madelet (de), v. de Quelus.

Madré.

D'argent à trois coquilles d'azur.

Mss. 993.

Magdelaine (de la), v. Prévost. — Madeleine.

Magesse (de), v. de Martel.

Magnane (de), v. Raccapé.

Magnelais (de) de Cholet.

De gueules à la bande d'or.
Mss. 703.

Mahé.

Fascé d'or et d'azur à un sautoir d'argent brochant sur le tout.
D'Hozier, mss., p. 984.

Maignan, v. Le Maignan.

Maignanne (de la), v. de Montbourcher.

Maillan (François de), abbé de St-Georges-sur-Loire
en 1787.

Une famille de ce nom, en Languedoc portait : *parti au premier
d'azur, à trois chevrons d'argent, au deuxième de gueules, au lion
d'or, armé et lampassé de même.*

Maillard.

D'argent à une bande d'azur, écartelé d'azur à un pal d'argent.
D'Hozier, mss., p. 1523.

*D'argent à une feuille de rosier de sable posée en pal, le chef de
sinople à une étoile d'argent.*
Busserolle.

D'or à trois maillets de gueules posés deux et un.
D'Hozier, mss., p. 886.

Jean Maillard, conseiller en la sénéchaussée de Baugé, 1696, portait :

D'argent à une bande de gueules chargée de trois croissants d'argent, et côtoyée de deux étoiles d'azur, une en chef et l'autre en pointe.

D'Hozier, mss., p. 297.

Maillard de la Dosdeferrière.

D'argent à deux lions rampants de sable lampassés de même à la bordure de gueules.

Sceau. — V. Maillart.

Maillardière (de la), v. Le Guay. — de Cormeray. — Hulin. — Angevin.

Maillart (de), origine des Châteaubriand.

De gueules semé de fleurs de lis d'or.

Mss. 995, p. 62. — V. Châteaubriand. — Maillard.

Maillé (de) de la Tour-Landry, — de Carman, — de Beuchart, — de Latan, — de Gilbourg, — de Fougeray, — de Brezé, — de la Flocellière, — d'Entrames, — de Chahaignes, — de la Gueritaude, — de Fronzac, — de Milly-le-Meugeon, — de Gaville, — de Beaufort-en-Vallée, — de Jalesne, — de Champchevrier, — de la Guerche, — de Faye-la-Vineuse, — de Villeromain, — de Rochecorbon, — de la Haye, — de St-Georges-du-Bois, — de la Jaille, — de la Chétardière ; — dont Simon, archevêque de Tours, 1554, abbé du Louroux, 1574; Simonne, abbesse du Ronceray, 1589, succédant à Yvonne, sa tante; Yvonne, sœur de Simonne, abbesse du Ronceray, 1642; Urbain, chevalier des Ordres, gouverneur du Saumurois, 1626 et gouverneur d'Anjou, 1636, maréchal de France; Armand, amiral, mort en 1646; Claire, épouse de Louis de Bour-

bon, duc d'Enghien, 1641 ; Charles, chevalier de St-Louis, 1789, et de St-Lazare, conseiller général de Maine-et-Loire, en l'an VIII ; Michel, abbé de Saint-Pierre de Lestery ; Gilbert, archevêque de Tours, 1128.

Fascé, nébulé ou ondé d'or et de gueules.

Roger, mss. 995, p. 1. — Armorial, mss. de Dumesnil, p. 16. — Versailles, Croisades. — Mss. 995, pp. 77, 68. — D'Hozier, mss., p. 147. — Gohory, mss. 972, pp. 83, 50. — Audouys, pp. 111, Gencien, 121. — Mss. 993 ; sceau. — Mss. 431. — Gencien, mss. 996, p. 49. — Peintures, XVIᵉ siècles. château de St-Georges-du-Bois, avec les devises : *Ex ungue leonem.* — *Dextera Domini facit virtutem.* — *Stetit unda fluens.* — Autre devise : Tant que le monde sera monde, à Maillé il y aura des ondes.

Les Maillé de Brezé ont écartelé : *aux un et quatre* comme ci-dessus ; *aux deux et trois* d'azur à l'orle d'or, à un écu d'argent posé en *abîme, chargé de huit croisettes d'or posées en orle* qui est de Brezé.

Gencien, mss. 996, pp. 78, 50. — Audouys, mss. 994, p. 121. — Père Anselme, p. 487. — Gencien, pp. 66, 78 et le mss. 995, p. 68, donnent aussi aux *Maillé-Brezé :*

Parti d'or et de gueules à un châtelet de trois tours de l'un en l'autre, maçonné de sable,

Les Maillé de la Tour-Landry ont coupé et écartelé :

Au premier d'or à trois fasces ondées, entées de gueules ; coupé d'or à une fasce crénelée de gueules maçonnée de sable.

D'Hozier, mss., p. 301.

Écartelé au premier d'or à trois fasces ondées de gueules qui est de Maillé ; *au deuxième* de la Tour-Landry ; *au troisième* de Chauvigny de Châteauroux, qui est *d'argent à une fasce fuselée de gueules ; au quatrième* de Châteaubriand.

Gencien, mss. 996, p. 78. — D'Hozier, mss., pp. 1513, 1515, attribue, à tort sans doute, à défaut de déclaration, aux Maillé de la Tour-Laudry les armoiries suivantes :

De sable à une fasce d'or, écartelé d'or à une bande de sable.

De sinople à une barre d'argent, écartelé d'argent à une fasce de sinople.

Gilles de Maillé-Brezé, grand maître de la vénerie du roi René d'Anjou, chevalier du Croissant, portait :

D'argent à trois fasces ondées d'azur, à la bordure componée d'azur et d'argent.

Supports : *A dextre un lion, la crinière tressée, à senestre un chien.*

Mss. 993, 999, 1000 et 703. — V. de Jalesnes. — Nepveu.

Mailleboi (de), v. D'Auvet.

Maillerace (de la), v. de Mouï.

Maillère (de la), v. de Cherbaye.

Maillet (de), des Guiottières.

De..... à la croix de Malte cantonnée en chef d'une rosette et d'une étoile d'or, et en pointe d'une étoile et d'une rosette de même.

Audouys, mss. 994, p. 118.

Maillochère (de la), v. Amyot.

Mailly (de) de Montjean; — dont Louis, maréchal de camp, 1789, — v. de Maillé.

D'azur à trois maillets d'or posés deux et un.

Devise : *Hogñe qui vonra* (Grogne qui voudra).

La Chesnaye-Desbois, tome XII, p. 890.

Maimbier (de) de Tacé, — de la Bezlinnière, — de l'Aillée, — de Bois-Dauphin, — d'Aulnay.

D'azur à trois poignards d'or posés en bande.

Mss. 703. — Audouys, mss. 994, p. 114, d'après un vitrail de Bois-Dauphin.

Maimionne (de), v. Pinson.

Maine (de), v. de Mayenne.

Maingot de Surgères ; — dont Itier, sénéchal d'Anjou.

De gueules fretté de vair.

Mss. 703.

Mairerie (de la), v. Raimondin. — Le Maire.

Mairie (de la), v. Jarret.

Maisnière (de), v. de Menières.

Maison-Blanche (de la), v. de la Barre.

Maisoncelle (de), v. de Houillières. — de Bouillé.

Maison-Neuve (de la), v. Licquet. — Minault. — Amyot. — Bonneau.

Maison-Rouge (de la), v. Chupin.

Malabry (de), v. Heliand.

Malateste.

Bandé d'or et d'azur, les bandes d'or chargées d'aigles de gueules.

Mss. 995, p. 53.

Malaunay (de) de la Bruère, — de la Porte de Semaise.

De gueules à la fasce accompagnée de six merlettes d'argent posées trois, trois.

D. P.

Malberg.

Écartelé aux un et quatre d'argent à l'écusson de gueules; aux deux et trois de gueules à une croix ancrée d'or.

Gencien, mss. 996, p. 44.

Malbranche de la Perrière.

De gueules à une branche de laurier d'or.

D'Hozier, mss., p. 1275.

Maldemeure (de la), v. Lambert. — de Launay.

Malemouche (de) de la Tremblaye, — de Robin, — des Hommes ; — dont Pierre, abbé de St-Aubin en 1342.

D'argent à trois fasces de sable.

Audouys, mss. 994, p. 123. — Mss. 995, p. 112. — Gohory, mss. 972, p. 77. — Gencien, mss. 996, p. 53. — Carré de Busserolle donne à une famille de Malmouche : *D'argent à cinq fusées de sable en fasce.*

Malestroit ou Maletroit (de) de la Guerche ; — dont plusieurs grands maréchaux, grands chanceliers et connétables d'Angleterre et de Bretagne.

De gueules à neuf besans d'or posés trois, trois et trois.

Gohory, mss. 972, p. 122. — Audouys, mss. 994, p. 121. — Gencien, mss. 996, p. 49. — Le mss. 995, p. 60, dit : *dix besans ou sans nombre.....* — Gohory, mss. 972, p. 122, donne aux Malestroit :

D'azur à un écu de gueules, chargé de dix besans d'or posés trois, trois, trois, un.

Devise : *Quæ numerat nummos, non male stricta domus.*

Malfilastre, — dont Thomas, prêtre chantre de l'église royale de Saint-Martin d'Angers, 1697 ; Eustache, abbé de Chaloché en 1739.

De gueules à trois croix d'argent posées en pal et un chef cousu d'azur, chargé de trois étoiles d'argent.

D'Hozier, mss., p. 574.

Malherbe (de).

D'or à deux doubles fasces de gueules, le chef chargé de deux *ons de gueules affrontés.*

Sceau. — V. Le Jeune.

Malicorne (de), v. de Beaumanoir. — de Chourses. — Aubins.

Maligné ou Maligny (de).

D'azur à trois fermeaux d'or, chacun enrichi de trois perles.

Audouys, mss. 994, p. 116. — Gencien, mss. 996, p. 50. — . Colasseau. — de Sales. — de Serpillon. — de la Genouillerie.

Malineau du Plessis-de-Vaux, — du Plessis-Malineau, — de la Brosse, — de la Boissonnière, — de Monts, — de la Perraie, — de la Brissonnière, — de l'Épinay.

Tiercé en fasce : au premier, d'argent à trois merlettes de sable *angées ; au deuxième, losangé d'or et de gueules ; au troisième,* *'or à une ancre de sable accostée de deux merlettes de même sur* *s pointes du harpon de l'ancre.*

Gohory, mss. 972, p. 56. — Audouys, mss. 994, p. 125. — oger, mss. 995, p. 11. — Gaignières, Armorial, mss., p. 25. — encien, mss. 996, p. 50. — Mss. 995. p. 99. — D'Hozier, mss., p. 561, 218, 131, 130. — Armorial, mss. de Dumesnil, p. 16, 'Hozier et Audouys disent aussi au lieu du deuxième, *d'argent* *la fasce de gueules, chargée de cinq ou six sautoirs d'or.*

Malinière (de la), v. de St-Aignan

Malitourne (de), v. Cheminard. — Duvau.

Maliverné (de) de Vignolle ; — dont Pierre, protes-ant, grand capitaine, mort en 1616 ; Philippe, premier

président de la Sénéchaussée de Saumur, 1658, fils de Philippe, Sénéchal de Saumur, mort en 1657.

D'azur au chevron d'or accompagné en chef de deux levrettes d'argent affrontées.

Mss. 439.

Mallaumesne (de la), v. de l'Espine.

Mallian (de) ou de Malhan, — dont deux abbés du Perray-Neuf, 1787-1790.

Parti au premier d'azur à trois chevrons d'argent, au deuxième de gueules au lion d'or.

Ou bien :

D'or à l'aigle éployée de sable :

La Chesnaye–Desbois, tome XIII, p. 36.

Mallièvre (de), v. du Puy-du-Fou.

Malmouche (de), v. de Malemouche.

Malnoue (de), v. Boylesve.

Mallonnière (de la), v. Martel.

Malvaux (de), v. Pillot.

Malvoisine (de), v. de la Rouveraye, — Jamelot.

Mamonnière (de la), v. de Maussé.

Mancel (du).

De sinople à trois molettes d'éperon d'or.

Mss. d'Orléans.

Mancy (de), v. Leroy.

Mandet, v. Maudet.

Mandon (de) de Valette, — du Petit-Mandon, — de Berardière, — de la Bouquetière ; — dont Jacques, cha-oine de St-Maurice d'Angers, mort en 1555.

D'argent à la bande fuselée de gueules, accompagnée de six uintefeuilles d'azur posées en orle.

Devise : *Superna licet, sustentant lilia fulcrum.*

Audouys, mss. 994, pp. 117, 119. — Gencien, mss. 996, p. 50. V. de Perrières.

Mangoneau.

De gueules à trois bandes d'argent.

D'Hozier, mss., p. 1022.

Manoir (du), v. Raoul. — Billeheust. — de Bour-ault.

Manouillière (de la), v. Nepveu.

Manourière (de la), v. Le Clerc.

Mans (du) de Bourg-l'Évêque, — de Simplé.

De sinople à un pal d'or, écartelé d'or à un pal de sinople.

D'Hozier, mss., p. 1527.

Mansfelt (de).

De gueules à trois fasces d'argent, écartelé de gueules à neuf sanges d'argent mis en pal.

Mss. 995, p. 57.

Mansillé (de), v. de Madaillan.

Mantoue (de), v. de Lombardie.

Maquenon (René), abbé commendataire de N.-D. de Bellefontaine, 1602-1609.

D'argent au chevron de gueules, accompagné de trois fleurons de sinople, deux en chef et un en pointe.

Sceau.

Maquillé (de), v. du Bois.

Marais (du), — dont Bertrand, abbé de Chaloché en 1559. — V. d'Auvet. — Hameau. — de Brissac. — de la Beraudière. — Beguier. — Le Bascle. — de St-Aignan. — Le Maignan. — de Cambourg. — de Vignolle. — Mocet.

Marans (de).

D'argent à une bande de gueules, écartelé de gueules à un pa d'argent.

D'Hozier, mss., p. 1510. — V. de Bueil. — de la Pommeraie. — du Pont. — Constantin.

Marans (de) de la Gagnerie, — de la Loutière.

Parti burelé d'or et d'azur à l'écu d'argent mis en abîme.

Mss. 439.

Marbœuf (de) de la Pilletière, — de Blaison, — de Chemellières.

D'azur à deux épées d'argent garnies d'or, posées en sautoir la pointe en bas.

Gohory, mss. 972, p. 122. — Audouys, mss. 994, p. 124. — Mss. 995, p. 122. — V. Rouillé. — d'Aché.

Marboué (de), v. de Feschal.

Marca (de), — dont deux abbés de St-Aubin d'Angers ;
Pierre, archevêque de Toulouse, 1658, et Galatoire en 1689.

De gueules au cheval d'or.

La famille a écartelé de Tressens, qui est *d'argent à trois hermines.*

Alph. Bremond, Nobiliaire toulousain, tome II, supplément.

Marçay (de), v. de Chastellier. — Acton.

Marcé (de) de Monnet ou Mosnet, — de la Pouplinière, — de l'Espine, — des Louppes ; — dont un maréchal de camp et un lieutenant des maréchaux de France,
XVIIIe siècle.

D'argent à six quintefeuilles de gueules.

Cimier : *Un lion tenant dans sa patte senestre une fleur de lis d'argent.*

Supports : *Deux lions.*

Devise : *Arte et Marte.*

Audouys, mss. 994, p. 111. — D'Hozier, mss., p. 293. —
V. Quellier. — du Chastel. — de Goyon.

Marchais (des), v. Robert. — de Sanzay. — de Seulay. — de Meausse. — Marchays. — du Plantis. — Tigeou.

Marchand.

D'or à une fasce d'azur et un chef d'hermines.

D'Hozier, mss., p. 889.

Marchand de Princé, (Julien), curé de N.-D. de
Beaupréau, 1692-1703.

De gueules à un pairle d'or.

D'Hozier, mss., p. 566.

Marchanderie (de la), v. Guesdon.

Marchay, — dont Étienne, sénéchal d'Anjou, 1192.

Fuselé d'or et d'azur.

Mss. 703. — Ménage, Hist. de Sablé, première partie, p. 296. — V. Mastac.

Marchays.

D'azur à deux pommes de pin d'or en chef, la tige en haut et une tête de lion arrachée d'argent en pointe; au chef d'argent chargé d'une étoile de gueules.

D'Hozier, mss., p. 527.

Marche (de la) de la Ferté.

Palé d'azur et d'or à la cotice de gueules brochant sur le tout.

Audouys, mss. 994, p. 121. — Gencien, mss. 996, p. 49, d'après le cartulaire de La Haie-aux-Bons-Hommes. — V. Grimaudet. — de Lusignan.

Marchesseau.

D'or à une bande d'azur, écartelé d'azur à une bande d'or.

D'Hozier, mss., p. 1516.

Marcillé (de), v. de Vassé, — de Brye, — Hunault. — Guillaume de Marcillé, régent en droit, chevalier, était aumônier de Charles, comte d'Anjou, 1294.

D'argent à la bande de gueules chargée de trois channes d'or.

La Chesnaye-Desbois, tome XIII, p. 188.

Marcognet (de), v. Binet.

Marconnay (de) de Cursay, — de Colombier, — de la Gatelinière, — de Marnay, — de la Bossinière, — de la Bigottière, — de Parnay, — de Salvert, — de la Bernardière, — de la Bourrelière, — de Villiers.

De gueules à trois pals de vair au chef d'or.

Cri de guerre : *Chastillon.*

Gaignières, Armorial, mss., p. 57. — Audouys, mss. 994, p. 124. — Armorial, mss. de Dumesnil, p. 16. — Roger, mss. 995, p. 20 et Gohory. mss. 972, p. 84, donnent : *le champ d'or et cinq pals de vair, d'argent et de gueules : — La famille a brisé d'un lambel à cinq pendants d'azur en chef.* — V. Aimar. — Drouet.

Mare (de la), v. Bault.

Maré (de), v. Hamelin.

Marée (de la), v. Cupif. — Haran.

Mareau.

D'azur à un chevron d'or, accompagné de trois besans d'argent.

D'Hozier, mss., p. 986.

Maréchal; — dont Louis, conseiller, élu en l'élection de La Flèche, 1698.

De sable à trois flambeaux d'argent allumés d'or.

D'Hozier, mss., p. 337.

Marechau, v. Mareschau.

Mareil de la Pommeraie, — du Verger, — d'Entrames, — de Fontaine, — fondue dans du Chesne.

D'azur au chef denché d'or.

Gaignières, Armorial, mss., p. 20. — Mss. 995, p. 92. — Gencien, mss. 996, p. 56. — Roger, mss., p. 12. — Gohory, mss. 972, p. 79. — L'Armorial manuscrit appartenant à M. de Vauguyon, dit : *d'argent au chef danché d'azur.* — V. du Chesne.

Mareil (de) ou de Marvil, — de Landifer.

D'argent semé d'étoiles d'or au lion d'azur brochant sur le tout.

Audouys, mss. 994, p. 110. — Gohory, mss. 972, p. 82. — Sculpt. xvi⁰ siècle au château de Landifer, mss. 995, p. 107. — Roger, mss. 995, p. 12. — Gencien, mss. 996, p. 53. — Gaignières, Armorial, mss., p. 20, donne au seigneur du Mareil.... *le lion de gueules.....*

Marens (de), v. de Bueil.

Mareschau.

D'argent à une bande de sable chargée de trois coquilles d'or.

D'Hozier, mss., p. 936.

Mareschau de la Pantinière.

De gueules à trois croix nilées d'argent.

Devise : *In hoc signo vinces.*

Mss. 995, p. 123. — Audouys, mss. 994, p. 124, donne aux Mareschau de la Pantinière : *trois croix pattées d'or.....*

Marette (de) de Rochefort.

D'azur à un bourdon d'or en pal, accosté de deux coquilles de même.

D'Hozier, mss., p. 892.

Marets (des), v. Dauvet.

Mareuil (de).

De gueules à cinq fasces ou burelles d'or.

Audouys, mss. 994, p. 124. — Gencien, mss. 996, p. 53. — Mss. 995, p. 113. — Le même, p. 78, dit : *trois fasces d'or....*

D'Hozier, mss., p. 350, dit :
D'argent à une aigle éployée de sable.
V. Cuissard, — du Mareil.

Mareuil (Gabrielle de), veuve de Nicolas d'Anjou, marquis de Maisières, 1605.

De...... au lion de.....

Dessin de Gaignières à Oxford, t. I, p. 164, d'après un tombeau à l'abbaye de la Trinité de Poitiers.

Margadel (de).

D'azur à la croix d'argent chargée de cinq larmes de gueules.
Sceau.

Margat (du) ou Le Maugat ou Le Margat.

D'or à trois fasces de sable.

Audouys, mss. 994, p. 123. — Gaignières, Armorial, mss., p. 30. — Gohory, mss. 972, p. 15. — Roger, mss. 995, p. 14. — V. Percault. — Lemoine. — Le Maugat.

Margot (du), v. Le Moine. — Mergot.

Margottière (de la), v. Hiret. — Petrineau.

Marguariteau.

De gueules à trois cygnes d'argent becqués et membrés de sable.

D'Hozier, mss., p. 912.

Marguariteau de la Morinière.

D'azur d une fasce d'or, accompagnée en chef de deux étoiles de même et en pointe d'une rose d'argent.

D'Hozier, mss., p. 974.

Marguerie (de), figurant à l'assemblée d'Angers en 1789.

D'azur à trois marguerites de pré, tigées et feuillées d'argent, deux et une.

Devise : *Cherche qui n'a.*

La Chesnaye-Desbois, tome XIII, p. 240.

Marguerite de St-Mars, — de Carrouge, — de la Fosse.

D'or à trois roses ou marguerites de gueules posées deux et une et tigées de sinople.

Audouys, mss. 994, p. 126.
Sceau.

Marguillière (de la), v. de Quatrebarbes.

Marian; — dont Pierre, abbé de St-Serge, 1572-1577, prieur de Cheffes, chanoine de Paris.

D'argent à une oie de gueules.

Sculpt. XVIIᵉ siècle à Bel-Air. — Hist. de Sablé, t. II, p. 109.

Mariau (Pierre), abbé de Pontron en 1567.

Mariault.

D'or à une fasce d'azur chargée de trois besans d'or.

D'Hozier, mss., 1129.

Maridor (de) du Bouchet, — de St-Ouin, — de Lucé, — de Bouleroy.

D'azur à trois gerbes d'or posées deux et une.

Audouys, mss. 994, pp. 111, 121. — Mss. 993. — Gencien, mss. 996, p. 50. — V. de Chambes.

Marie (de Noizé).

D'argent à trois couronnes d'épines de sable entrelacées l'une dans l'autre ; à la bordure crénelée de gueules.

Sceau.

Marie de la Touchardière.

De gueules à un chevron d'or.

Devise : *Spes mea, Virgo Maria.*

D'Hozier, mss., p. 1193.

Marie-Augustin (R. P.), abbé de la Trappe de Bellefontaine. — V. de la Forêt-d'Yvonne.

Marie-Michel, (R. P.), abbé de Bellefontaine. — V. Le Port.

Marière (de la), v. Le Bloy.

Marignanne (de), v. de Valory.

Marigné (de), v. Chivré. — Le Chat. — Bouchard. — de Montalais.

Marillac (de), v. de la Rochefoucault.

Marillet.

*D'azur à un agneau pascal d'argent à la banderole de gueules,
chargé d'une croix d'argent.*

D'Hozier, mss., p. 1140.

Marini (Pierre de), italien, évêque de Glandevez, confesseur du roi René, à Angers, mort en 1467.

Une famille de ce nom, actuellement à Rome, porte :

*De.... à la tour crenelée de.... sur un tertre de.... accosté en
chef à dextre d'une étoile à huit raies de...*

D. P. — Sceau moderne.

Une famille de Venise portait : *Coupé au un de gueules plein,
au deux d'or à deux fasces ondées d'azur; et de gueules à la bande
d'argent chargée d'une bande ondée d'azur.*

Rietstap, Armorial général, de Gouda, p. 680.

Marinière (de la), v. Thiery.

Marion de Druy; dont Charles, abbé de Bellefontaine, 1704-1709.

*Écartelé aux un et quatre d'azur à un croissant d'argent sur-
monté d'une étoile d'or; aux deux et trois d'or à un arbre de
sinople sur une terrasse de même.*

Devise : *Nos murs, nos lois.*
Sceau.

Maris (de), v. de Meignan.

Marmande (de) de la Roche-Boisseau.

D argent à une bande fuselée de gueules.

D'Hozier, mss., p. 656. — V. de Fesque. — Gillier.

Marmittière (de la), v. Le Chat. — de la Bigottière.

Marnais.

De sable au chevron d'or, au chef de même chargé d'une hure de sanglier de sable.

Audouys, mss. 994, p. 113.

Marnay (de), v. de Toulongeon. — de Marconnay.

Marnes (de), v. Chastillon.

Marolles (Michel), abbé de Villeloin, 1676 ; Hugues, qui sauva la vie à Philippe-Auguste, à Bouvines ; des officiers, des dignitaires ecclésiastiques, etc.

D'azur à l'épée d'argent, à la garde d'or en pal entre deux pennes adossées d'argent et posées en pal.

Devise : *Virtuti et labori.*

Sceau de Michel. — P. Anselme, p. 415. — Audouys, mss. 994, p. 121. — Mss, 995, p. 78. — Mss. 993. — V. Gasnay. — Boysar. — de Breslay. — Le Porc.

Maronnière (de la), v. Lezineaux.

Maroterie (de la), v. Rousseau.

Marqueraye (de la) de Lepinay, — de Chantelou, de Villegontier, — — de la Chaussée, — du Nonbreuil, — de la Gallerie, — de Charvaux, — de la Primitière ; — dont David, conseiller au Parlement de Bretagne en 1586.

De gueules à la fasce d'argent accompagnée en pointe d'un croissant montant de même.

Mss. 439 et 703. — Audouys, mss. 994, pp. 120, 118. — Mss. 993. — Armorial, mss. de Dumesnil, p. 16. — D'Hozier, mss., p. 305. — De Courcy. — Roger, mss. 995, p. 16, dit : *De gueules à la fasce d'or.....*

Marquet.

D'azur au sautoir d'argent chargé de cinq tourteaux de sable.

D'Hozier, mss., p. 881.

Marquis.

D'argent à une bande de gueules.

D'Hozier, mss., p. 1014.

D'or à trois pals d'azur.

D'Hozier, mss., p. 904.

Marquis de la Motte-Baracé, — des Places, — de Senonnes, — d'Aligny, — d'Aubigné ou d'Aubigny, — de Beauregard, — de la Jourdrie, — du Coudray, — de Montpensier; — dont Juhel, croisé en 1191; Jean, chevalier de l'Ordre du roi en 1610; Alexandre, chevalier de Malte et de Saint-Louis en 1789.

D'argent au lion de sable accompagné ou cantonné de quatre merlettes de même, au cœur du lion un écusson d'argent à la fasce fleurdelisée et contrefleurdelisée de gueules qui est de Bréon.

Supports : *Deux lions.*

Devise : *Lenitati fortitudo comes.*

Armorial, mss. de Dumesnil, p. 17. — Audouys., mss. 994, p. 111. — D'Hozier, mss., pp. 121, 219. — Le même, p. 693, le mss. 439, Roger, p. 9, disent : *une fasce fleurdelisée et contre-fleurdelisée d'or, brochant sur le tout,* comme les peintures de la salle des Croisades à Versailles. — Gohory, mss. 972, p. 101, dit : *le lion couronné d'azur* et supprime *l'écusson d'argent posé en cœur.* — Gencien, mss. 996, p. 51, dit seulement *trois merlettes de sable.* — Une note du mss. 993, dit que la maison de la Motte portait d'abord *d'argent à la face fleurdelisée et contrefleurdelisée de gueules,* quand par alliance, en 1263, avec les de Fougerolle, elle prit les armes ci-dessus.

Marre (de la).

D'azur à l'aigle d'or couronnée de même, soutenue d'un croissant d'argent.

D. P.

Marreau (de), de Bois-Guérin.

D'azur à la bande d'or.

Carré de Busserolle, p. 630.

Mars (du), v. Blandoch.

Marsaulaie (de la), v. Louet.

Marsault de Parsay.

D'azur à une aigle éployée d'argent tenant en son bec une croisette de même.

Sceau.

Marsay (de), v. de Mastac. — Marchay. — de Pierres.

Marsellière (de la), v. de la Chevallerie.

Marsilli (de), v. Le Gras.

Martel de la Mallonnière.

De sable à un manteau d'argent.

D'Hozier, mss., p. 1383.

Martel (de) d'Ercé, — de Fontaines, — de Magesse, — de Gaillon; dont Jean, chevalier de St-Louis, gouverneur d'Acadie; Pierre, lieutenant des maréchaux de France, 1767; Laurent, grand trésorier de Malte, 1717.

De gueules à trois marteaux d'or.

Devise : *Bellicæ coram virtutis pretium* (?)

G. Le Bouvier, Armorial de France et d'Écosse, publié par Vallet de Viriville (Bachelin-Deflorenne). — Carré de Busserolle, p. 633.

Martellière (de la), v. Bigot. — Moreau.

Marthac ou Martas (Pierre de), chanoine d'Angers, 1595.

Les Martas (Guyenne) portaient : *Losangé d'or et d'azur.*

Rietstap, Armorial général (Gouda, 1861).

Marthonie (de la), v. de Mondot.

Marthou (de), v. Binel. — Belot. — d'Houlières.

Martigné (de), Renaud, évêque d'Angers en 1102, puis archevêque de Reims.

D'azur semé de fleurs de lis d'argent.

Mss. 993 et 703. — Note du xvii° siècle. — M⁣ᵍʳ |Barbier de Montault. Rép. archéol. de l'Anjou, 1863, p. 268 et Dom Piolin, Hist. de l'église du Mans, t. III, p. 528, attribuent à l'évêque d'Angers les armes de la Genouillère de Martigné. — V. de la Genouillère.

Martigné.

De sinople à un sautoir d'or.

D'Hozier, mss., p. 1519.

De..... à trois merlettes de......

Sceau xviii° siècle.

Martigné (de), v. Ferrand. — de la Jumellière. — du Tronchay. — Brehier.

Martigné-Briant (de), v. de Goulaine.

Martigné-Briant (le chapitre de).

D'azur à un buste de Saint-Simplicien de carnation mitré d'or et vêtu de même, au-dessous duquel est un hachereau ou ganinet de boucher d'argent emmanché de gueules et cloué d'or posé sur fasce.

D'Hozier, mss. p. 175.

Martigné ou Martigny.

D'azur à trois quintefeuilles d'or posées deux et une.

D'Hozier, mss. p. 879. — Audouys, mss. 994, p. 119, dit *une quintefeuille.*

Martigny (de).

D'or à deux fasces vairées de sable et d'argent et un pal de gueules brochant sur le tout.

D'Hozier, mss., p. 763.

Martin.

D'argent au vol d'azur.

D'Hozier, mss., p. 1011.

D'azur à la fasce d'or chargée de trois roses de gueules.

Audouys, mss. 994, p. 111. — Mss. 703

D'azur à un triangle d'or chargé d'un cœur de gueules et soutenu en chef de deux colombes d'argent.

Mss. 993.

Martin (Pierre) de Laubardemont, conseiller du roi, intendant de la généralité, 1637-1641.

De gueules à la tour donjonnée d'or.

Carré de Busserolle, p. 636.

Martin de la Martinière, — du Bellay, — de l'Effrayère, — du Bignon, — de la Vergerie.

D'azur à deux croissants d'or en chef et une étoile de même en pointe.

Sceau. — D. P. — de Maude, Armorial du Maine.

Martinaie (de la), v. de Chazé.

Martineau.

D'argent à trois oiseaux appelés martinets de sable posés deux et un.

D'Hozier, mss., pp. 333, 865. — V. ci-dessous.

Martineau (de).

D'or à trois chevrons de gueules à la fasce d'azur brochant sur le tout.

Mss. 993. — La Généalogie de Martineau donne les armoiries suivantes :

D'azur au lion d'argent.

De gueules à deux épées d'argent posées en sautoir les pointes en haut.

D'argent à trois losanges de sable posés deux et un.

Martineau (de) de la Basse-Sauvagère, — de la Gallonnière, — de la Brosse, — de Fromentière ; — dont

Roch-Henri, chevalier de Malte, 1669 ; Gilles, chevalier de St-Louis, commandant le *Neptune* en 1747.

D'or au chef de gueules chargé d'une coquille de sable.

Devise : *Vincere aut mauri.*

Mss. 993. (Généalogie). Le mss. 439, Audouys mss. 994, p. 111, et Dumesnil d'Aussigné, p. 16, disent : *coquilles d'argent.* D'Hozier, mss. p. 1137 dit : *coquilles d'or.*

Martineau de la Bertière, — de la Parerie, — de la Fosse, — de Foudon, — de la Bouteillerie, — de St-Aignan, — de Princé ; — dont Nicolas, maire d'Angers, 1617-1618 ; Isaac, jésuite, provincial, confesseur des princes, 1720 ; Jean, grand vicaire d'Angers, 1696, abbé de Sainte-Maur, 1707, archidiacre d'outre-Maine ; Nicolas, maire d'Angers, 1667-1668 ; Nicolas, chanoine de Saint-Maurice d'Angers, abbé du Petit-Citeaux, au diocèse de Blois ; Jean-François, abbé de Saint-Maur, archidiacre d'Angers, 1707-1719.

D'argent au chevron d'azur accompagné de trois merlettes ou martinets de sable ; au chef de gueules.

Mss. 703. — Roger, mss. 995, p. 17. — Gencien, mss. 996, p. 8. — Le même, p. 6, le mss. 439 et d'Hozier, p. 71 disent : *D'azur au chevron d'argent.* — L'Armorial mss. de Dumesnil, p. 17, Gaignières, Armorial mss. p. 89, Gohory, mss. 972, p. 160, disent : *de même et les merlettes d'argent...* Dumesnil, Armorial, mss, p. 17 et le mss. 993 donnent aux Martineau de Princé : *D'argent au chevron de gueules.* — D'Hozier, mss., p. 576, donne à cette dernière branche : *Un chevron de sable.* — Audouys, mss. 994, p. 114. dit : *le chef chargé de deux étoiles d'or accostant une coquille de même.*

Martineau de Fourmentières.

De gueules à un marteau d'or.

D'Hozier, mss., p. 1534.

Martineau de Renéve ou Renoue, — de Preuillé.

D'azur à trois tours d'argent crénelées et maçonnées de sable.

Audouys, mss. 994, p. 124.

Martinet.

De sable à un chandelier d'or.

D'Hozier, mss., p. 1257.

De gueules à un marteau d'armes d'or.

D'Hozier, mss., p. 1274. — V. Neau.

Martinière (de la), v. d'Abattant. — de la Cour, — de Chergé, — de la Barre, — de Perriers.

Martray (du), v. de Fay. — Barbot. — Boulay.

Marveilleau des Buards. — de Lorière. — de la Guiberdière. — de la Foletière; — dont Joachim, chevalier de Malte en 1523; Louis, chevalier de l'Ordre, capitaine de cent gentilshommes, 1570.

De gueules à la fasce d'or accompagnée de trois molettes d'éperon de même, posées deux en chef et une en pointe.

Audouys, mss. 994, p. 125. — Mss. 995, pp. 96 et 64. — Gencien, mss. 996, p. 52. — Le mss. 703 dit : *le champ d'azur et les merlettes d'argent.* — Gaignières, Armorial mss., p. 26 dit : *la fasce d'argent au lieu d'or....*

Mary (de), v. Leclerc.

Marzé (de) de la Tour, — de Chavannes.

Fascé d'hermines et de gueules de six pièces.

Mss. 993.

Marzelière (de la) du Fretay.— du Plessis-Giffart. — de Berneen. — d'Avaise. — des Grandes-Minières.

De sable à trois fleurs de lis d'argent posées deux et une.

Audouys, mss. 994, p. 117.

Mas (du) de la Bouère. — de Durtal. — de la Vaizou-
zière. — de Ferchaut. — de Saint-Michel-du-Bois. — de
Verneuil. — de Mathefelon; — dont Jean, évêque de Dôle,
xvi⁰ siècle, abbé de Saint-Thierry, angevin; René, chevalier du Croissant.

*D'argent fretté de gueules de six pièces au chef échiqueté de trois
traits d'or et de gueules.*

*Le heaume d'or, le bourrelet et les volets de ses couleurs armo-
riales, le vol banneret de ses armes.*

Supports : *Deux sauvages au naturel le visage, les pieds et les
mains de carnation tenant chacun une massue pendante d'argent.*

Audouys, mss. 994, p. 110. — Les mss. 993 et 999 donnent :
le chef échiqueté d'argent et d'azur de deux traits... Un dessin de
Gaignières, à Oxford, t. I, p. 201, d'après le tombeau de Saint-Maurice d'Angers donne à Jean, évêque de Dôle, angevin en 1556,
les armes suivantes :

D'argent fretté de gueules ; le chef échiqueté d'or et d'azur.

Devise : *Juventute me ne immineris* et l'écu timbré d'un cha-
peau de sinople.

Mas (du) du Brossay.

De gueules à trois têtes de lion arrachées d'or.

Audouys, mss. 994, p. 110.

Mas (du), v. de Gurye. — de Cerisay. — Poulain. —
Le Barroys. — de Cambourg. — de la Jaille.

Maschac (Jean de), abbé de Saint-Serge en 1519.

Mascureau (de) de Puiraveau. — de la Gaudinière.
— de la Chapelle. — des Vergnes.

*Coupé fascé d'argent et de gueules de six pièces; et d'argent à
trois étoiles de gueules.*

Sceau.

Masière (de la), v. de l'Espine.

Massé.

D'argent à un pal de gueules écartelé de gueules à une barre d'argent.

D'Hozier, mss., p. 1514.

Massé (de), v. de Champaigné.

Masseille (de) de Launay-Milon. — de Fontaine-Milon. — de Cotterau. — d'Athée. — de Fougeray. — de la Gaultraye. — de l'Ile de Milon ; — dont Jean, gentilhomme ordinaire du duc d'Alençon, capitaine de mille arquebusiers français, en 1576; Jean, écuyer d'écurie du duc d'Anjou, en 1548.

De gueules à la fasce losangée de deux traits d'argent et de sable; de six pièces accompagnées de sept fusées d'argent, quatre en chef et trois en pointe.

Gohory, mss. 972, p. 72. — Andouys, mss. 994, p. 112. — Gencien, mss. 996, p. 50. — Mss. 995, p. 111. — Roger, mss. 995, p. 12. — Le mss. 439 et d'Hozier, mss., pp. 177, 300 et 303 disent : *la fasce échiquetée d'argent et de sable de trois traits...* — Le mss. 703 dit : *six fusées au lieu de sept.*

Massenière (de), v. de la Poëze.

Masserie (de la), v. Champlaye.

Masson.

D'or à trois fasces ondées d'azur.

D'Hozier, mss., p. 1011.

De sinople à un château d'argent maçonné de sable.

D'Hozier, mss., p. 874. — V. Le Masson.

Devise : *Fiat voluntas Dei.*

Massonnière (de la), v. de la Bahouillière. — de Vaugirault. — Menon. — du Pont.

Massuau (Aignan), curé de la Pommeraye en 1693-1717, licencié en l'Université de Paris.

D'azur à un griffon couronné surmonté d'un cœur et soutenu d'une étoile, le tout d'or.

D'Hozier, mss., p. 549.

Mastas dont Jean, bailli de Jean-sans-Terre en 1202.

D'azur à six besans d'or au chef d'argent, chargé d'un lion de sable.

Audouys, mss. 994, p. 114. — V. Marchay.

Mastray (de), v. Messemé.

Masure (de la), v. Haton. — de Bois-Béranger.

Mathefelon (de) de Duretal. — de la Roussière; — dont Foulques croisé en 1100; Thibault, compagnon d'armes de Duguesclin; Pierre et Jules, massacrés par les Turcs en 1393, derniers de la branche aînée; Jean, chambellan du roi, en 1448; Foulques, trésorier de l'église, puis évêque d'Angers, 1324-1355; trois abbesses de Saint-Georges de Rennes : Catherine, morte en 1317; Philippe, morte en 1325; Alice, morte en 1370; Jean, abbé de Saint-Florent, 1504, prieur de Cheigné, de Denezé, de Passavant, d'Allonnes, de Saint-Georges-des-Sept-Voies; Hugues et Thibault, ses fils, fondateurs de l'abbaye de Chaloché; Jean, abbé de Chaloché, en 1425.

De gueules à trois écussons d'or posés deux et un.

Puis, plus tard :

Six écussons d'or posés trois, deux et un comme Mayenne.

Supports : *Deux léopards d'or.*

Gohory, mss. 972. pp. 72 et 107. — Audouys. mss. 994, p. 111. — Mss. 703. — De Courcy, mss. 993. — Mss. 995, p. 59. — Gencien, mss. 996, pp. 49 et 77. — Dessins de Gaignières à Oxford, t. I, p. 228. (D'après le tombeau de Thibault et Beatrix, de Dreux, avec son fils et son frères à Chaloché). Gaignières, Armorial, mss., p. 4, Roger, mss, 995, p. 4 et une sculpt. XVIᵉ siècle à Saint-Florent-le-Vieil intervertissent les émaux. — V. de Duretal. — de la Jaille. — du Mas. — de la Roussardière. de la Roussière. — d'Espinay. — de Champagne.

Mathier (Jean), abbé de Saint-Georges-sur-Loire, en 1347.

Mathieu.

D'azur à la fasce d'argent, au double vol de gueules au milieu de la fasce.
Mss. 993.

Matignon (de)

D'argent au lion de gueules couronné, armé et lampassé d'or.
Mss. 995, p. 71.

Matrais (de la) de Contest.

D'azur à une quintefeuille d'argent.

D'azur à trois aigles d'or, membrées et becquées de gueules.
Ménage, p. 423. — Audouys, mss. 994, p. 141.

Matras (des), v. Bautru.

Mats (des), v. Thiery.

Mattigné (de), v. de Salles.

Maubert (de) de Coisbray ou Coisbé.

De gueules à une fasce d'or chargée de trois quintefeuilles de pourpre et accompagnée de trois merlettes d'argent, deux en chef affrontées et l'autre en pointe.

D'Hozier, mss., p. 163. — Audouys, mss. 994, p. 126 dit :

Coupé d'argent et d'or au premier à trois roses de gueules sur-montées de deux pinsons de sable ; au deuxième, un chien passant d'argent.

Cette maison écartelait avec du Bellay.

Maubon, v. de Scépeaux.

Maubrelin (de), v. de Pierres.

Maubusson (de), v. d'Andigné.

Maucourt du Bois.

De gueules à trois éperviers d'argent posés deux et un.

Gohory, mss. 972, p. 37. — Audouys, mss. 994, pp. 116 et 123. — Roger, mss. 995, p. 7. — Le mss. d'Orléans dit : *trois canettes.*

Maudet de la Modetaie ou de la Motaie. — de Bessac.

De gueules à trois aigles à deux têtes d'or, à la fasce d'argent chargée de trois roses de gueules.

Gaignières, Armorial mss., p. 25. — Roger, mss. 995, p. 12. — Audouys, mss. 994, p. 124. — Gencien, mss. 996, p. 52. — Gohory, mss. 972, p. 85. — Mss. 995, p. 114. Le mss. 439, dit : *trois étoiles au lieu de trois roses.*

Maudière (de) de la Borderie.

D'argent au lion de sable, armé et lampassé de gueules.

Mss. 439.

Mauduit

De gueules à une bande d'argent écartelée d'argent à une fasce de gueules.

D'Hozier, mss., p. 1513. — Michel Mauduit, archiprêtre de Bourgueil, était curé de Vernantes, en 1716, succédant à son homonyme, curé en 1693.

Maugars ou Maugas (de) de Sermaise; — dont René, gouverneur de Baugé en 1587, comme François son fils, en 1623.

D'azur à une bande d'argent accostée de deux étoiles d'or.

D'Hozier, mss., p. 877.

Maugas de la Gaucherye.

De gueules à un château sommé de trois tours d'or.

D'Hozier, mss., p. 961. — V. Mogas.

Maugé (de), v. de Baïf.

Maugey (Jeanne de), abbesse de Fontevraud, 1372.

Maugrain.

D'argent à une fasce d'azur accompagnée de trois roses de gueules.

D'Hozier, mss., p. 987. — V. Menou.

Mauguèvre (de), v. Menon.

Mauguy (de) de la Picarderie. — de Vivran. — de Tessecourt.

D'azur à trois gerbes d'or liées de gueules.

Audouys, mss. 994, p. 120.

Maulay (de), du Breil. — de Foing. — du Genetay.

De sable à trois fleurs de lis d'argent.

Devise : *Clementia et animis.*

Audouys, mss. 994, p. 114. — V. du Molay.

Mauléon (de).

De gueules au lion d'or.

Devise : *Malus leo, meus leo.*

Audouys, mss. 994, p. 116. — Roger, mss. 995, p. 5. — Le mss. 703 dit : *le lion passant d'argent armé et lampassé de gueules.*

Maulévrier (de) de Neubourg. — de Courban. — d'Avoir; — dont Jacques, maréchal de France en 1390; Renaud, chevalier en 1287.

De gueules au levrier d'argent.

Audouys, mss. 994, p. 121. — Gencien, mss. 996, p. 50. — Roger, mss. 995. p. 26. — Mss, 703. — Armorial. mss. de 1608, p. 10. V. de la Haye. — de Montberon. — de Boissi. — de Gouffier. — du Bois. — de Montbrun. — Bautru. — de Brezé. — Colbert.

Maulévrier (de) de Montbron.

D'or au chef de gueules.

Cri de guerre : *Maulévrier!*

Gaignières, Armorial mss., p. 3. — Mss. 993. — Gohory, mss. 972, p. 106. — Audouys, mss. 994, p. 121. — Gencien, mss. 996, p. 50, et l'Armorial mss. de 1608 attribuent ces armes aux de Montbron qu'ils appellent aussi Montbrun.

Maulévrier (de) Brezé.

D'azur à un écusson d'or rempli d'argent, en cœur à l'orle de huit croisettes d'or posées trois, deux et trois.

Gohory, mss. 972, p. 122. — Généalogie mss. de Quatrebarbes.

Maulne (de), v. de Meaulne.

Maulny (de), v. Chalopin. — Le Clerc. — de la Joyère. — Mauny.

Audouys, p. 115.

Maumeschin du Lac. — de Periers ou de Poiriers. — de la Pilletière. — de Mauquartier. — de la Cornuère. — du Pastis.

De sable au chevron échiqueté d'or et d'azur de trois traits, accompagné de trois molettes d'éperon d'argent, deux en chef et une en pointe.

Gohory, mss. 972, p. 103. — Audouys, mss. 994, p. 110. — Gencien, mss. 996, p. 53 — Le mss. 439 et le mss. 703, disent : *échiqueté d'or et de sable.* — Gaignières, Armorial mss., p. 71, dit : *le chevron échiqueté d'argent et d'azur.* — L'Armorial mss. de Dumesnil, p. 16, donne les armes suivantes :

Cinq points de sable équipollés à quatre d'or.

Maumousseau de Changrenu. — de Vaufleury. — de Levaré. — de la Grandinière; dont François, conseiller au présidial de Château-Gontier en 1640.

D'azur au chevron d'or accompagné de deux tours de sable et en pointe d'un croissant d'argent surmonté de six épis de froment de même.

D'Hozier, mss., p. 1103.

Maumussard.

D'or à trois pals d'azur.

D'Hozier, mss., p. 874.

Maumusson (de), v. de la Beraudière.

Maunet (de), v. de la Croix. — Boissard.

Mauni, v. Mauny.

Maunoir.

D'or à une croix de sable chargée en cœur d'une merlette d'argent.

D'Hozier, mss., p. 1259.

Maunoir (François), conseiller du roi, assesseur de l'Hôtel-de-Ville d'Angers, 1693.

D'azur d une croix d'argent chargée de cinq trèfles de gueules.

D'Hozier., mss., p. 76.

Maunoir de Cartigné.

D'or à une jumelle d'azur posée en bande.

D'Hozier, mss., p. 939.

Maunoir de la Noë.

D'azur au chevron d'or accompagné en pointe d'un ours passant de même.

D'Hozier, mss., p. 889.

Mauny (de) de Cohardon. — de la Presselière.

D'argent à trois bandes de sable, à une fasce de gueules brochant sur le tout.

Devises : *Haynault l'ancien! — Mauny ! Mauny !*

Audouys, mss. 994, p. 125. — Gaignières, Armorial mss. p. 80. — Gohory, mss. 972, p. 10. — V. Robert. — Le Clerc. — Chalopin. — de la Joyère. — Maulny.

Maupassant.

D'azur à une levrette passante d'argent accolée de sable, surmontée d'un croissant d'or.

D'Hozier, mss., p. 1000.

Maupertuis (de), v. Jarry. — du Bois.

Maupoint (Armand-René), évêque de Saint-Denis (Ile de la Réunion), né aux Tuffeaux, le 6 décembre 1810, mort le 10 juillet 1871.

D'azur au navire d'argent le mât croisé, voguant sur les flots de même et arrivant au port, guidé par une étoile rayonnante d'or ; le chef d'argent à cinq mouchetures d'hermines de sable.

Devise : *Non vestra sed vos* (Saint Paul).

Sceaux et imprimés officiels.

Mauquartier (de), v. de Maumeschin.

Mauregard (de), v. Amelot.

Maurepart (de), v. de Bonchamps.

Maurier (de) de la Quetiaire.

D'argent à deux chevrons de gueules à la bordure engrelée de même.

Audouys, mss. 994, p. 121. — Mss. 995, p. 100. — Gencien, mss. 996, p. 53.

Maurinaie (de la), v. Le Marié.

Maurinière (de la), v. Ménage.

Mauritiers (de), v. de Vergonne.

Maurivet (de), v. Cossin.

Maurousière (de la), v. de Boylesve. — Lanier. — Saint-Jouin.

Mauroy (de) de la Mauvoisinière ; — dont deux lieu-
tenants-généraux, au XVIII° siècle, et un abbé de Gastines
en 1668.

*D'azur au chevron d'or accompagné de trois couronnes ducales
de même.*

Devise : *Dampné n'est pas sy ne le crois.*

Audouys, mss. 994, p. 120. — Carré de Busserolle.

Maury des Rousses.

*D'argent au rocher de sinople accompagné en chef de deux têtes de
maures de sable, posées de profil et tortillées d'or.*

Audouys, mss. 994, p. 126.

Maussé (de), v. de Meaussé.

Maussion du Joncheray. — de Paizai. — de la
Cartauderie. — de Launay; — dont Michel, curé de Généton ; Germain, conseiller au présidial d'Angers, 1696 ; Gabriel-François et Gabriel-Claude, tous les deux conseillers
du roi, maîtres des requêtes à la chambre des comtes de Bretagne.

D'azur à la montagne d'or.

Sculpt., Église de Pruillé. — Audouys, mss. 994, p. 118. —
D'Hozier, mss., p. 120. — Un sceau moderne donne : *De gueules
à un mont de cinq pics de sable.*

En vertu de lettres-patentes de la République de Gênes du
6 mars 1759 et par autorisation du roi du 8 novembre suivant, les
Maussion du Joncheray ont le droit de joindre à leurs armoiries
celle du royaume de Corse, comme descendants par les les femmes
du baron de Cujula qui avait obtenu cette faveur, et elles portent
ainsi aujourd'hui :

*D'azur à une montagne d'or surmontée d'un écusson d'argent,
chargé d'une tête de nègre de sable, ayant son bandeau d'argent qui
est de Corse.*

Devise : *Post funera fidus* (du baron de Cujula).

Supports : *Deux aigles éployées. — (Le casque orné de ses lambrequins d'or, d'azur, d'argent et de sable.)*

D. P. — D'Auriac et Acquier, Armorial publié en 1858.

Mausson (de).

De gueules à six merlettes d'argent posées en fasce trois et trois.

D'Hozier, mss., p. 130. — Gaignières, Armorial mss., p. 42, dit : *De gueules à la fasce d'argent accompagnée de six merlettes de même, posées trois en chef et trois en pointe, deux et une.*

Mauvaisinière (de la), v. du Treil. — de la Bouteille. — du Breil. — de la Mauvoisinière.

Mauviel (de) du Tremblay. — de la Guesavre. — de l'Amandière. — de la Quercherie.

D'argent à deux chevrons de gueules à la bordure engrelée de même.

Audouys, mss. 994, p. 110. — Roger, mss. 995, p. 4. — Gaignières, Armorial mss., p. 42. — Mss. 993. — Gohory, mss. 972, p. 9.

Mauvière (de la).

De gueules à deux léopards affrontés de...

D'Hozier, mss., p. 1210.

Mauvif de la Plante. — de Montergon ; — dont Michel, conseiller en l'élection d'Angers, 1731.

D'argent à trois tiges d'artichaut de sinople posées en fasce.

D'Hozier, mss., p. 1264. — V. de Montergon.

Mauvinière (de la), v. Mechine. — de Jonchères.

Mauvissière (de la).

Écartelé aux un et quatre de gueules, à trois merlettes d'argent posées deux et une, aux deux et trois, palé d'or et d'azur de six pièces, le chef de gueules chargée d'un serpent d'argent en fasce.

Gaignières, Armorial mss., p. 22.

Mauvoisinière (de la), v. du Breil. — Subleau. — de Mauroy.

Mauvrets (des), v. d'Ingrande. — Chateaubriant. — Jollivet.

Mauzé (de). v. Gilliers.

May (du), v. de Cerizay.

Mayaud de Poisron. — de Vaucourt, — de la Vau, — de Boislambert, — du Grand-Rivet, — de la Grandmaison, — de la Girarderie; — dont Jacques, maire de Poitiers en 1622; Antoine, médecin à l'Ile Bouchard, vers 1640, chef de la branche d'Anjou; Jean, chevalier de Saint-Louis, gouverneur de Loches et de Beaulieu, 1789; Paul, député de Maine-et-Loire en 1871.

D'argent à un mai de sinople sortant d'un croissant d'azur.

Carré de Busserolle, p. 648. — Thibaudeau, Hist. du Poitou, p. 418, tome III de la réimpression. — A. de la Porte, Armorial du Poitou (Niort, 1874).

La branche actuelle de Boislambert porte :

D'argent à trois croissants d'azur, deux en chef et un en pointe, celui-ci soutenant un mai cerclé et feuillé de sinople.

Devise : *Crescit in augmentum patriæ.*

Sceau ancien. — *Ex libris* du château de la Tremblaye, xix⁰ siècle. — Armorial de Goujet (Niort, 1868).

Mayé (de), v. Roy.

Mayenne (de) de Dinan; — dont Geoffroy, évêque d'Angers, 1093 ou 1094-1101; Juhel, archevêque de Tours, 1229, archevêque de Reims, 1243.

De gueules à six écussons d'or posés trois, deux et un.

Audouys, mss. 994, p. 114. — Mss. 995, p. 61. — Cauvin, p. 152. — Mss. 993. — Gencien, mss. 995, p. 49, d'après le cartulaire de Montguion, dit : *trois écussons d'or...* — Gohory, mss. 972, p. 122, dit : *de France au lambel de gueules mouvant du chef.* — D'après Audouys, Juhel de Mayenne, 1198, portait : *d'azur à six écussons d'or chargés d'une molette d'éperon,* et d'après le mss. 703, il aurait porté les premières armes indiquées ci-dessus. — V. d'Avaugour.

Mayet (de), de Craon. — V. Baudinan. — des Roches.

Mayneuf (de), v. d'Andigné.

Maynière (de) du Plessis-Berard. — de la Gaudinière.

D'argent à un chevron de gueules accompagné de trois étoiles de sable, deux en chef et une en pointe.

Armorial mss. de Dumesnil. p. 16. — D'Hozier, mss., pp. 587 et 122. — Mss. 439. — Audouys, mss. 994, p. 45.

Mays (de), v. de Girois.

Maz (du), v. du Mas.

Mazarin (Jules de), cardinal en 1654, abbé de Saint-Florent de Saumur en 1645, et abbé de Saint-Aubin d'Angers.

D'azur à une hache consulaire d'argent entourée d'un faisceau de verges d'or liées d'argent et une fasce en devise de gueules chargée de trois étoiles d'or brochant sur le tout.

Cauvin, p. 152.

Mazarini (de), v. de la Porte.

Mazières (des), v. de Boumois.

Mazé (de), v. de la Coudre. — de Contades. — Le Roux. — de la Grandière.

Mazelière (de la), v. Giffart.

Mazières (des).

D'argent à une bande d'azur.

D'Hozier, mss., p. 906.

D'or à un chevron de gueules accompagné de trois annelets de même.

D'Hozier, mss., p. 932.

D'argent à une aigle de sable.

D'Hozier, mss., p. 961. — V. de Chevreue. — Moreau.

Mazure (de la).

D'argent à trois guidons de gueules.

Gencien, mss. 996, p. 46. — V. Lelièvre. — Haton.

Mazures (des), v. Saillant.

Mé (du), v. du Bois.

Méarge (de), v. de Borcieu.

Meaulne (de) de la Fribaudière. — de la Métairie. — Chalonne. — de la Vallée. — de la Goupillière. — de la Bouillerie. — de Villeneuve. — de l'Ouche-Renault. — de Raussé. — de Pontalain. — de l'Anchenay. — de la Perrière. — de la Carterie. — de Bains. — de l'Anglotière. — des Aulnais. — du Clos. — de Landeronde. — de la Haute-Bergerie ; — dont Louis, angevin, religieux de Clermont au Maine 1581, auteur d'une histoire des comtes de Laval, mss; Urbain, grand maître des eaux et forêts en Touraine, 1469.

D'argent semé de fleurs de lis de sable, à une bande fuselée de gueules brochante sur le tout.

D'Hozier mss., p. 95. — Roger, mss. 995, p. 18. — Mss, 993. — Gencien, mss. 996, p. 50. — Mss. 439. — Audouys, mss. 994, p. 124. — Le mss. 703 de la Bibliothèque nationale, p. 118, dit : *D'argent à la bande de quatre fusées et deux demies de gueules posées en barres et rangées en bande.* — V. de Rougebec de Savonnières.

Meaussé (de) des Marchais. — de Coulaines. — du Pineau. — de la Turpinière. — de Saint-Laurent. — de la Plaine. — de la Barbottière. — de la Mamonnière ; — dont Charles, commandeur de l'Ile-Bouchard, ordre de Malte, 1780, et François, chevalier en 1500.

D'argent à trois chevrons de sable.

Mss. 703. — D'Hozier, mss., p. 652. — Audouys, mss. 994, p. 126. D'autres disent : *D'argent à trois chevrons d'azur* ou bien *d'azur à trois chevrons d'or.*

Meherou (de), v. Le Tourneur.

Mechine.

D'or à une bande componée d'argent et de sable.

D'Hozier, mss., p. 1017. — V. Meschine.

Mechine des Sablonnières.

D'azur à une bande d'argent chargée de trois rocs d'échiquier de gueules.

D'Hozier, mss., p. 998.

Mechine de la Mauvinière.

De sinople à trois têtes de léopards d'or.

D'Hozier, mss., p. 1015.

Mechine des Frenais.

De gueules à un lion d'or.

D'Hozier, mss., p. 998.

Mecrin (de), v. Legras.

Medavy (de), v. de Landevy.

Medouin (de), v. de Landevy.

Mée (de), v. du Tertre.

Megret du Grand-Perray. — de la Tremblaye. — de Lescoublandière. — de la Grande-Lande.

D'azur à six billettes d'or surmontées d'une tête de loup d'argent arrachée et languée de gueules, en chef et en pointe, un croissant d'argent.

Gaignières, Armorial mss., p. 32. — Audouys, mss. 994, p. 115.

Meguyon de la Houssaie ; — dont un prévost provincial d'Anjou au XVIIᵉ siècle; François, maire d'Angers, 1603-1665.

D'azur au chevron d'or accompagné en chef de deux roses d'argent et en pointe d'un lion d'or.

Audouys, mss. 994, p. 114. — Gencien, mss. 996, p. 8. — Mss. 993 et 439. — Mss. 703. — D'Hozier, mss., p. 60. — Le même, p. 56, donne aux Meguyon de la Houssaie, *le lion lampassé d'argent.* — Dumesnil, Armorial mss., p. 17, dit : *trois roses rangées d'argent.*

Meignan (de) de la Touche-Baranger. — du Maris. — du Pontreau. — de la Bruchenière.

De gueules à la fasce d'argent, chargée de trois coquilles d'or.

Gohory, mss. 972. p. 56. — Roger, mss. 995, p. 13. — Gaignières, Armorial mss., p. 48. — Audouys, mss. 994, p. 123, dit : *trois coquilles de sable.*..

Meignannerie (de la), v. d'Avoine.

Meignannes (de), v. de Recappé. — de Sansay.

Meigne (de), v. Pichery. — de la Roche. — Le Gouz,

Melay (de) de la Florencière. — de la Forest-Landry.— de la Tour-Landry. — de Beauvais. — de la Bonoclerie. — de la Gelinière. — de la Brosse. — de la Halbaudière. — de la Guaisnaudière.— de Chemillé.— de la Roche-Bouju.

De gueules à cinq besans d'argent rangés en chef.

Gohory, mss. 972, p. 64. — Audouys, mss. 994, p. 123. — Roger, mss. 995, p. 19. — Gaignières, Armorial mss., p. 57. — Mss. 995, p. 111. — Gencien, mss. 996, p. 51. — D'autres disent : *...à neuf ou dix besans posés quatre, trois, deux et un.* — V. Meslé. — de Bouillé. — de la Beraudière. — Mellay.

Melian (de), v. de la Roë.

Meliand (Julien), abbé de Chaloché en 1675, mort en 1789.

De... à trois roses ou marguerites de... posées deux et une, la troisième accostée de deux besans de...

Sceau, xviiᵉ siècle. — Gohory, mss. 972, p. 123, donne à un Meliand les armes suivantes :

D'azur à la croix d'or accompagnée aux premier et dernier cantons d'une aigle d'or aux deuxième et troisième d'une ruche de même.

Melinais (l'abbaye de), ordre de Saint-Augustin, fondée en 1180 et réunie au collège de La Flèche au xviiᵉ siècle.

D'azur à une main tenant un cœur enflammé de...

Ch. de Montzey, Hist. de La Flèche, t. II, p. 267.

Meilleraye (de la), v. de la Porte.

Mellay ou **Mellet** de la Besnerie. — de Charnacé. — de Princé. — de l'Arbre-Sec. — de la Tremblaye.

D'argent à cinq merlettes de sable posées deux et trois.

Devise : *Spiculo et melle.*

Gaignières, Armorial mss., p. 57. — Audouys, mss. 994, p. 112. — Mss. 703. — Roger, mss. 995, p. 7. — Gohory, mss. 972, p. 71. — Mss. 995, p 99. — Gencien, mss. 996, pp. 52 et 40 donne à la branche de Princé : *six merlettes posées trois, deux et une.* — Audouys, mss. 994, p. 121, et Gencien, p. 52, disent : *trois merlettes.* — V. de Melay.

Melleville (de), v. Le Doux.

Mellian (de), v. Boucault.

Melun (de) de Montreuil-Beslay ; — dont Anne, princesse d'Épinoy, fondatrice de la communauté des religieuses hospitalière de Saint-Joseph de Beaufort en 1671, sous le nom de sœur de la Haie, et de Baugé eu 1657.

D'azur à sept besans d'or posés trois, trois et un, le chef d'or.

Devise ; *Virtus, honor. — Pios montes locet Deus — Ut inter spiritus sacros ora, viator. — A bui tienne.*

Cri de guerre : *A moy mellun !*...

Mss. 703. — Mss. 995, p. 61. — Gencien, mss. 996, p. 49. — Portrait XVIIᵉ siècle chez les religieuses hospitalières de l'Hôtel-Dieu de Beaufort et de celui de La Flèche. — V. Fouquet.

Membrolle (de la), v. Augeard. — de Quatrebarbes. — de la Coquemilière.

Menage de la Maurinière. — de l'Anerie. — de Soucelles. — d'Écouflant. — de Briollay ; — dont Guillaume, maire d'Angers, 1652-1653, lieutenant particulier au présidial ; Mathieu, recteur de l'université de Paris en 1417, théologal de l'église d'Angers ; un chanoine d'Angers en 1382 ; Guillaume conseiller de la ville d'Angers en 1619, doyen de Saint-Pierre d'Angers, après avoir cédé ses fonctions d'avocat général à son fils Pierre, 1647 ; Gilles, érudit, mort en 1692 ; François, contrôleur général des fermes à Angers, 1779 ; Louis, chevalier de Saint-Louis, 1789 ; Jean-Baptiste, conseiller municipal d'Angers, conseiller général de Maine-et-Loire, jusqu'en 1830, dernier du nom en Anjou.

D'argent au sautoir d'azur chargé en cœur d'un soleil rayonnant d'or.

Devise : *Sumus autem ipsi nobiles sed novi. — Avec tous, bon ménage.*

Mss. 995, p. 121. — Audouys, mss. 994, p. 112. — D'Hozier, mss., pp. 75, 102, 556. — Mss. 993. — Gencien, mss. 996, p. 7.

Menantière (de la), v. de Sesmaisons. — Cuissart.

Menard de la Chenaïe, — de la Gallicheraye.

De gueules fretté d'argent.

D'Hozier, mss., p. 943.

Menard de la Groye (François), député à la Constituante et aux Cinq-Cents; premier président de la cour impériale d'Angers en 1811, créé baron le 25 février 1813.

D'argent au lion de sable armé et lampassé de gueules au franc quartier des barons, présidents des cours, qui est de gueules à la toque de sable garnie d'hermine brochant au neuvième de l'écu, le tout soutenu d'une champagne retraite de gueules à la croix de la Légion d'honneur.

Cauvin, Armorial du Maine, p. 153.

Menard (Olivier), curé de Marans, 1686-1709.

D'argent à une main dextre apaumée de gueules dans des flammes de même.

D'Hozier, mss., p. 513.

Menard des Ruaux.

D'argent à trois brins de spic de sinople posés deux et un, et en cœur une étoile de gueules.

Audouys, mss. 994, p. 117.

Menard du Breil; — dont Jacques, maire d'Angers en 1591; Claude, lieutenant de la Prévosté d'Angers, héraldiste.

D'argent au sautoir endenté de gueules, chargé en cœur d'un écusson d'argent au lion rampant de gueules.

Devise : *Nul ne s'y frotte.*

Gaignières, Armorial mss., p. 87. — Audouys, mss. 994, p. 114. — Mss. 993. — Gohory, mss., 972, p. 156. — Gencien, mss. 996, p. 5. — V. Mesnard.

Menardeau.

D'argent à trois têtes de licorne d'azur posées deux et une.

Devise : *Telis opponit acumen.*

Mss. 993. — Audouys, mss. 994, p. 126. — D'Hozier, mss., p. 82, dit... *de gueules à trois têtes de licorne coupées d'argent.*.. Le même, p. 537 dit aussi... *D'azur à trois têtes de licornes d'or.*

Menardie (de la), v. de Langlée.

Menardière (de la), v. du Breil. — Huttin. — de Vaucené. — Hullin. — de Cheminée.

Menars (de), v. d'Illiers.

Mené (de), v. Jarry.

Menencourt (de), v. Le Prestre.

Menière (de), v. Maynière.

Menievère (de la), v. Rigault.

Menil (du), v. du Mesnil.

Menil-Barré (du), v. de Fontenailles.

Menilbroust (de), v. de Loulay.

Menives (de) V. Le Roux.

Menoir de Langottière.

D'argent à la bande de gueules accompagnée de deux têtes de lion arrachées d'or.

Sceau.

Menolière (de la), v. Bouju.

Menon (de) de Turbilly. — du Plessis. — de la Longère. — de la Pouillerie, *aliàs* de la Cour de Vaulandry. — de la Tabotière. — de la Gardonnière. — de la Fauchinière. — du Bridier. — de la Massonnière, — de Launay-Goumier. — de Fauchaux. — du Breil. — de Bois-Lanfrey. — de Chalon. — de Chauminard. — de Mauguèvre ; — dont Jean, écuyer, notaire et secrétaire du roi en 1460 ; François, chevalier, 1581 ; François, qui se retira près des solitaires de Port-Royal, 1695 ; Louis-Philippe, colonel d'un régiment de son nom, 1716 ; Louis, lieutenant-colonel au régiment de Roussillon-cavalerie, chevalier de Saint-Louis, agronome à Vaulandry, mort en 1776.

D'argent à un chardon béni de sinople, fleuri et branché de gueules à trois têtes soutenues d'un croissant montant de gueules posé en pointe.

Devises : *Ne deuil, ne joie.— Ferrierunt et ferrunt insignia pacis.*

Sculp. xviie siècle, au château de Turbilly. — Mss. 439. — Mss. 995., p. 99. — Gencien, mss. 996, p. 50. — Audouys, mss. 994, p. 125 dit : *les trois têtes chargées chacune d'un petit croissant montant d'argent,* comme Gaignières, Armorial, mss., p. 56, Gohory, mss. 972, p. 72, et Roger, mss. 995, p. 12, qui donnent le *champ d'or.* — Le mss. 703 dit : *le croissant montant d'azur en pointe.* — D'Hozier, mss., p. 1510 attribue aux de Menon, les armes ci–dessous :

D'argent à une barre de sinople, écartelé de sinople à un pal d'argent.

Menorval (de), v, de la Goublaye.

Menou des Essarts.

De sinople à une fasce d'argent écartelé d'argent à une fasce de sinople.

D'Hozier, mss., p. 1524.

Menou du Boussay. — de la Forge. — de Pont-Château; — dont plusieurs croisés, des commandants dans les provinces et les places fortes, un amiral de France, des conseillers et chambellans, des ambassadeurs, des maîtres de camp, six généraux, deux brigadiers des armes du roi, un évêque de la Rochelle, un gouverneur général de l'Acadie, des chevaliers de Malte, de Saint-Louis et de Saint-Michel, des abbés et des prieurs, etc.

De gueules à la bande d'or.

Supports : *Deux anges vêtus des couleurs de l'écu, tenant chacun une lance au bout de laquelle est une cornette de cavalerie; celle de dextre d'hermines plein, qui est de Bretagne ; celle de senestre de France ancien.*

Cimier : *Un ange naissant, tenant d'une main une épée flamboyante, la garde d'or et de l'autre main, une bannière aux armes de Menou.*

Mss. 995, p. 54. — La Thaumassière, Hist. du Berry.

Menuiserie (de la), v. de Villiers.

Meral ou **Mezal** (?)

D'argent à trois fasces antées ondées de sinople.

Gohory. mss. 972, p. 36. — Gaignières, Armorial, mss. p. 24. — Audouys, mss. 994, pp. 116 et 123. — Gencien, mss. 996, p. 53. — Roger, mss. 995, p. 16. — V. de la Croix. — Chauvigné. — du Boschet.

Merault d'Orsigny — de la Faultraye. — de Villiers. — d'Immarville.

D'azur au chevron d'or accompagné de trois molettes de même.

Audouys, mss. 994, p. 116. — Armorial, mss. de Dumesnil, p. 17.

Merceron.

D'or à trois têtes de sinople.

D'Hozier, mss., p. 1024.

Mercœur (de)

De Lorraine, au lambel d'azur.

Devise : *Plus fidei quam vitæ.*

Gohory, mss. 972, p. 123.

Mergat (du), v. du Margat.

Mergey (de) de l'Aiglerie ; — dont François, chevalier de Saint-Louis en 1789.

D'azur à la croix potencée d'or, accompagnée de quatre croi-settes d'argent posées chacune au bout de chaque potence.

Audouys, mss. 994, p. 125.

Mergot (de).

De sable à trois molettes d'éperon d'argent, à la fasce d'argent frettée de sable.

Audouys, 994, p. 110. — V. de Tessé.

Mergot (de) de Montergou. — du Carqueron. — des Cours. — de la Verrie.

D'azur à trois chevrons d'or.

Gohory, mss. 972, p. 21. — Gaignières, Armorial, mss. p. 54. — Audouys, mss. 994, p. 111. — Roger, mss. 995, p. 9. — Mss. 995, p. 102. — Gencien, mss. 996, p. 53, dit... *d'argent à trois chevrons d'azur.*

Meric de Fressinet.

D'azur à la biche passante d'or.
Audouys, mss. 994, p. 118.

Merlet.

D'or à un griffon d'azur.
D'Hozier, mss., p. 1139.

Merlutz (de), v. de Carion.

Mermande (de), v. Le Beneux.

Mervé (de), v. Fontaine.

Mervotte ou **Mernotte** (Maurice), abbé de Saint-Georges-sur-Loire, mort en 1363.

Mesangeau (de), v. de la Chinière. — de la Rivière. — de la Bourdonnaye.

Meschines (Jean-Julien), curé de Varennes, sous Montsoreau, 1694-1737.

D'azur à un chevron d'or accompagné en chef de deux roses tigées et feuillées d'argent, et en pointe d'une gerbe de même.
D'Hozier, mss., p. 600.

Meschinière (de la), v. Odespung.

Meslay (de), v. Rouillé.

Meslet, v. Melay, — Mellet.

Meslière (de la), v. de Brecheu.

Mesnage, v. Menage.

Mesnard de la Touche.

D'argent à trois hérissons de sable.

Devise : *Pro Deo et rege.*

Audouys, mss. 994, p. 121. — V. Ménard.

Mesnier.

De gueules à un léopard d'or.

D'Hozier, mss., p. 1216.

Mesnil (du).

Échiqueté d'argent et de sinople.

Mss. 995., p. 57. — V. du Mortier. — Rousseau. — Dumesnil. — Aménard. — de Racappé. — Varice. — de la Villeblanche.

Mesnil (du). — du Pineau. — d'Aussigné. — des Brosses. — de la Beausseraie. — du Pont-de-Pierre. — de la Rivière; — dont Étienne, avocat du roi et maire d'Angers en 1610.

D'azur à trois coquilles de saint Michel d'or.

Devise : *Intacti vivunt, intacti pereunt.*

Gohory, mss. 972, pp. 106 et 159. — Audouys, mss. 994, pp. 114 et 129. — Mss. 439. — Gencien, mss. 996, p. 6. — Armorial, mss. de Dumesnil, p. 17. — Armorial, mss. de 1608, pp. 21 et 4. — Gaignières, Armorial, mss., p. 89. — Mss. 993. — D'Hozier, mss., p. 64, donne à la branche d'Aussigné : *D'azur à deux coquilles d'or en chef et en pointe, un fer de lance de même posé en pal.* — Le même, p. 549, dit aussi... *fer de lance d'argent...* et le mss. 703 donne au maire d'Angers : *D'azur à trois roses d'or.*

Mesnil-Aménard (du), v. Avril.

Mesnil-Files (du), v. de Breslay.

Mesnil-Salles (de), v. de Salles.

Messemé (de) du Cormier. — de Mastray ; — dont Joseph, lieutenant de vaisseau, chevalier de Saint-Louis en 1789.

De gueules à une étoile formée de six feuilles de palme d'or.
Carré de Busserolle, p. 659. — V. de Bourneau.

Messey (de) ; — dont un maréchal de camp en 1789.
D'azur au sautoir d'or.
Sceau, — Carré de Busserolle, p. 659.

Messonnière (de la), v. Pelaud.

Metairie (de la), v. de Maulne. — Barlort.

Metayer du Parvis.

De gueules à six chevrons d'argent.
Audouys, mss. 994, p. 115.

Meudon (de), v. de Servien.

Meulles (de) du Fresne-Habot. — de la Durbellière. — du Fresne.

D'argent à sept croix pattées de gueules posées trois, une, deux et une, mêlées de cinq tourteaux ou meules de moulin de sable posées deux, deux et un.

Audouys, mss. 994, p. 124. — Gencien, mss. 996, p. 51. — Les de Meulles du Poitou ne portent que les *sept croix posées trois, trois et une.* — V. Chabot.

Meulion (de) de Ribiers ; — dont Pierre, grand écuyer du roi René, chevalier du Croissant.

Coupé au premier d'azur et échiqueté d'argent et de sinople de huit points, au deuxième d'argent plein.

Mss. 999, 993 et 1000. — Le mss. 703 dit : *D'argent au chef échiqueté d'argent et de sable de deux traits abaissé sous un autre chef de gueules.*

Mezal (de) v. de Meral.

Michel ou **Le Michel** de la Roche-Maillet ; dont René, avocat au présidial d'Angers, 1560 ; Gabriel, avocat au parlement de Paris, doyen du conseil privé du roy, écrivain, mort en 1662.

D'azur à trois merlettes d'or.

Audouys, mss. 994, p. 116. — Roger, mss. 995, p, 11. — Gohory, mss. 972, p. 56. — Mss. 995, p. 40.

Michel (Jean), évêque d'Angers, secrétaire d'Yolande d'Aragon, curé de Gonnord, mort en 1447.

D'or à trois clous de la Passion de sable et une étoile d'azur périe en cœur.

Supports : *un ou deux anges.*

Sculp. xvᵉ siècle de la chaire abbatiale de Solesme. — Vitrail xvᵉ siècle de la cathédrale d'Angers, et portrait de Jean Michel au musée de Beauvais. — Bruneau de Tartifume, mss. 870, p. 130. — Lehoreau, mss., t. III, nᵒ 10. — Mss. 703.

Michelet (Jean), curé de Tigné, 1696.

D'or à un nom de Jésus de sable, soutenu de trois clous de la Passion appointés de même.

D'Hozier, mss., p. 329.

Jarret de
la Mairie

Jarry

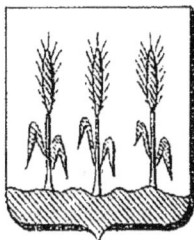

de Joannis

Joubert

Jouet

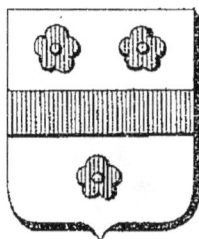

de Jourdan

de Jousbert
du Landreau

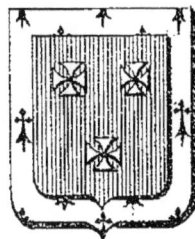

de Jousseaume

de Jousselin

de Joybert

Juchault
de la Moricière

de Kermainguy

de Kernaeret

La Flèche
(Ville de)

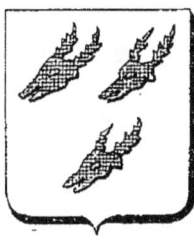

Lambert de
la Maldemeure

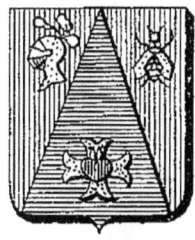

Lamoureux

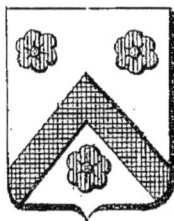

de Lancrau.

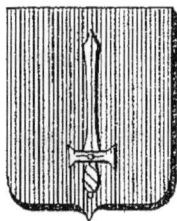

des Landes
des Roches

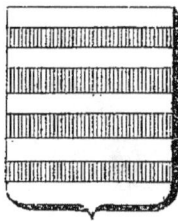

de Landevy

Lanier

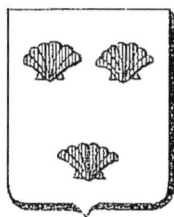

de Lartigue

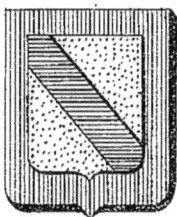

Las Cases

Launay
de la Mothaye

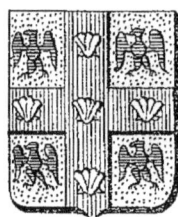

de Laval

Le Bault
de la Morinière.

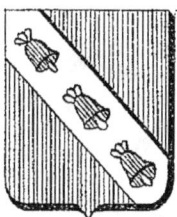

Le Boucher

Le Breton
de la Bonnelière.

Le Camus

Le Chat
de Tessecourt

Le Choulet

Le Clerc
de Juigné

Le Cornu

Lefebvre
de l'Aubrière

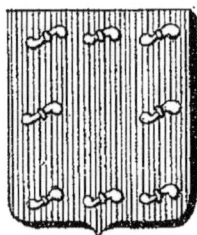

Le Gagneur
de Tessé

Le Gay

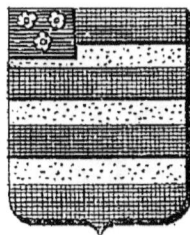

Le Gouz
de la Boulaie

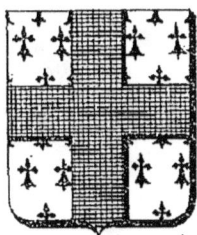

Le Gris

Le Guay

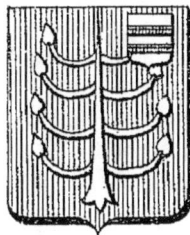

Le Jeune

Le Jumeau

Louet

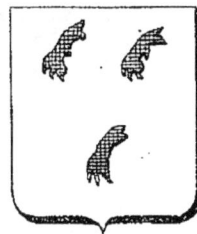

Le Loup

Le Meingre
de Boucicault

Le Maire

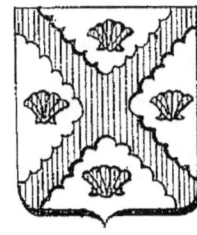

Le Maistre

Le Marié

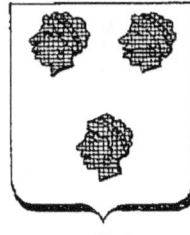

Le Noir
de la Cochetière

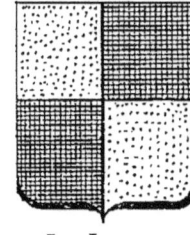

de Lens

 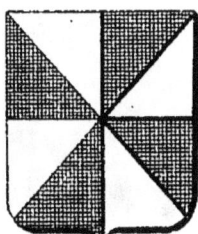  

Pelletier   le Roux   Le Roy de   de l'Espagneul
Charost   de Rillé

Lescure   de Les rat   de Lestenou   de l'Estourbeillon

  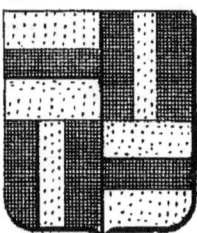 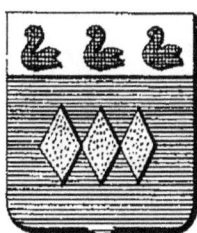

ineau   Lion d'Angers   Lion d'Angers   de Lohéac
(Prieuré)   (Ville du)

 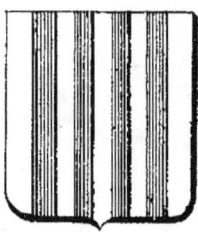 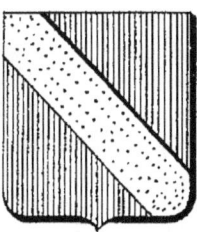 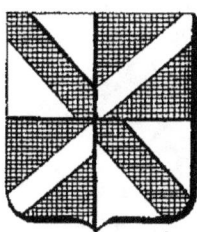

raine   Loriot   de Loudun   Louroux
(Abbaye du)

PRINCIPALES ABRÉVIATIONS USITÉES DANS L'ARMORIAL

P. Anselme. — La science héraldique, 1675, in–4°. — Histoire généalogique de France, 9 vol. in–fol., 1726.

Armorial mss. de 1608. — Dans le recueil mss. 995 de la Bibliothèque d'Angers.

Audouys, mss. 994. — Armorial du xviii° siècle, mss. 994 de la Bibliothèque d'Angers.

Ballain. — Annales d'Anjou, mss. 867 de la Biblioth. d'Angers.

Beauchet–Filleau. — Dictionnaire général du Poitou, 1849–1854, 2 vol. in–8°.

Bruneau de Tartifume. — Angers, mss. 871, à la Bibl. d'Angers.

Carré de Busserolle. — Armorial de Touraine publié en 1867, in–8°.

Cauvin. — Armorial du Maine, publié en 1843, in–18. — Supplément par M. de Maude, 1860, in–12.

Chevaliers du Saint-Esprit. — Mss. E. 285. au Prytanée militaire.

De Courcy. — Armorial de Bretagne, publié par Potier de Courcy en 1862, 2° édition, 3 vol. in–4°.

D. P. — Note communiquée.

Dumesnil. — Armorial de Dumesnil d'Aussigné, xvii° siècle, dans le recueil mss. 995 à la Bibliothèque d'Angers.

Gaignières. — Armor. mss. de Gaignières, à la Biblioth. nationale.

Gencien. — Armorial (attribué jusqu'ici à Gohory) dressé par Gencien d'Érigné, xviii° siècle, mss. 996 de la Bibl. d'Angers.

D'Hozier mss. — Armorial général officiel dressé de 1696 à 1706, mss. de la Bibliothèque nationale, — généralité de Tours (à moins d'indications contraires).

La Chesnaye–des–Bois. — Dictionn. de la noblesse. édit. de 1869, 15 vol. in–4°.

Lehoreau. — Cérémonial de l'église d'Angers. 1692-1720, mss. à la bibliothèque de l'Evêché d'Angers.

Louvan Geliot. — La vraie et parfaite science des armoiries, in-fol., 1664.

Mss. 14. — Généalogies angevines, 1666, originaux du cabinet des titres, à la Bibliothèque nationale.

Mss. 439. — Maintenue de la noblesse de la généralité de Tours, en 1666, mss. à la Bibliothèque nationale.

Mss. 703. — Arm. mss. d'Anjou du xviii° siècle, Bibl. nationale.

Mss. 972 et 983. — Arm. mss. de Gohory, 1608, Bibl. nationale.

Mss. 993. — Collection de notes héraldiques, recueil de la Bibliothèque d'Angers.

Mss. 995. — Armor. mss. du xvii° siècle, à la Biblioth. d'Angers.

Mss. 999 à 1001. — Armoriaux des chevaliers du Croissant, xvii° siècle, à la Bibliothèque d'Angers.

Mss. d'Orléans. — Armorial d'Anjou, dressé en 1698, mss. à la Bibliothèque d'Orléans.

Ménage. — Histoire de Sablé (première partie), 1683.

C. Port. — Diction. de Maine-et-Loire, 3 vol. in–8° (1869–1878).

Roger, mss. — Rôle des nobles, écrit par B. Roger au xvii° siècle, mss. 995 de la Bibliothèque d'Angers.

Sainte-Marthe. — Histoire généalogique de France, 2 vol. in-fol., 1628.

Sceaux. — Sceaux d'après les empreintes ou les matrices.

Versailles, croisades. — Peintures de la salle des Croisades, palais de Versailles.

OUVRAGES RELATIFS A L'ANJOU ET AU MAINE

MONOGRAPHIE DE NOTRE-DAME DE BEAUFORT, église et **paroisse**, de l'origine jusqu'à nos jours, par M. Joseph DENAIS. — Un beau vol. in-8°, gravures et plans.
Le même, in-12 de 563 pages, gravures et plans, **4 fr.**

HISTOIRE DE L'HOTEL-DIEU DE BEAUFORT (1412–1871), par le même auteur. — In-12 en deux couleurs, **1 fr. 50.**

UNE MAISON D'ÉDUCATION PENDANT TROIS SIÈCLES : le collége de Beaufort fondé en 1577, par le même auteur (*pour paraître prochainement*).

LE CHATEAU DE BEAUFORT, ses comtes et ses seigneurs, par le même auteur (*en préparation*).

LE PAPE DES HALLES, RENÉ BENOIST, angevin, évêque de Troyes, surintendant du collége de Navare, conseiller du roi, doyen de la Faculté de Théologie de Paris, confesseur de Marie Stuart et de Henri IV, curé de Saint-Eustache de Paris (1521-1608), par le même auteur. — In-8°, papier vergé de Hollande, portrait sur cuivre du XVII° siècle, **5 fr.**

L'ABBAYE DE CHALOCHÉ, au diocèse d'Angers (1119-1790), par le même auteur. — In-8°, papier de Hollande.

JEAN TARIN, angevin, recteur de l'Université de Paris (1580-1666), par le même auteur. — Brochure in-8°, papier de Hollande.

OLIVIER LEVÊQUE ET LA FONDATION DU COLLÉGE DE SABLÉ EN 1602, par le même auteur. — In-8°, papier de Hollande.

LES VICTIMES DE QUIBERON, d'après le manuscrit du général Lemoine, par M. Joseph DENAIS. — In-8°, papier de Hollande, **3 fr.**

DAVID D'ANGERS, sa vie, son œuvre, ses écrits et ses contemporains, par M. Henry JOUIN, ouvrage couronné par l'Académie française. — 2 vol. grand in-8° richement illustrés. Prix : **50 fr.** Sur papier de Hollande, **200 fr.**

OUVRAGES RELATIFS A L'ANJOU ET AU MAINE

MONOGRAPHIE DE NOTRE-DAME DE BEAUFORT, église et paroisse, de l'origine jusqu'à nos jours, par M. Joseph DENAIS. — Un beau vol. in-8°, gravures et plans.
Le même, in-12 de 563 pages, gravures et plans, **4 fr.**

HISTOIRE DE L'HOTEL-DIEU DE BEAUFORT (1412-1871), par le même auteur. — In-12 en deux couleurs, **1 fr. 50.**

UNE MAISON D'ÉDUCATION PENDANT TROIS SIÈCLES : le collége de Beaufort fondé en 1577, par le même auteur (*pour paraître prochainement*).

LE CHATEAU DE BEAUFORT, ses comtes et ses seigneurs, par le même auteur (*en préparation*).

LE PAPE DES HALLES, **RENÉ BENOIST**, angevin, évêque de Troyes, surintendant du collége de Navare, conseiller du roi, doyen de la Faculté de Théologie de Paris, confesseur de Marie Stuart et de Henri IV, curé de Saint-Eustache de Paris (1521-1608), par le même auteur. — In-8°, papier vergé de Hollande, portrait sur cuivre du XVII° siècle, **5 fr.**

L'ABBAYE DE CHALOCHÉ, au diocèse d'Angers (1119-1790), par le même auteur. — In-8°, papier de Hollande.

JEAN TARIN, angevin, recteur de l'Université de Paris (1580-1666), par le même auteur. — Brochure in-8°, papier de Hollande.

OLIVIER LEVÊQUE ET LA FONDATION DU COLLÉGE DE SABLÉ EN 1602, par le même auteur. — In-8°, papier de Hollande.

LES VICTIMES DE QUIBERON, d'après le manuscrit du général Lemoine, par M. Joseph DENAIS. — In-8°, papier de Hollande, **3 fr.**

DAVID D'ANGERS, sa vie, son œuvre, ses écrits et ses contemporains, par M. Henry JOUIN, ouvrage couronné par l'Académie française. — 2 vol. grand in-8° richement illustrés. Prix : **50 fr.** Sur papier de Hollande, **200 fr.**

www.ingramcontent.com/pod-product-compliance
Lightning Source LLC
Chambersburg PA
CBHW070854280326
41934CB00008B/1439